Annette Fric

Zu Fuß durch FRANKFURT

12 Spaziergänge

Blick auf die Frankfurter Altstadt

Rundfahrt Sightseeing
Wikinger
Rundfahrt Sightseeing
Maria Sibylla Merian

Zu Fuß durch FRANKFURT

Liebe Stadtverliebte,

Sie waren noch niemals in New York? Willkommen in **Mainhattan!** Ein Blick auf die Skyline bei Sonnenuntergang, dazu ein Glas Apfelwein oder Riesling, der auf dem Frankfurter Lohrberg wächst – das hat was. Weltoffen wie sie ist, schafft die Metropole zugleich **regionale Identität.** „Ein Frankfurter fährt nicht in die Welt – er lässt sie kommen!" Karl der Große bestellte 794 zur Synode einfach alle Welt hierher. Aus Franconofurd wuchs Frankfurt am Main.

Als ich Mitte der 1980er-Jahre aus Nordhessen zum Studium in die Mainmetropole zog, hatte diese einen eher schäbigen Ruf. „Frankfurt, du bist kein liebes Tier. Wie 'ne fette Ratte duckst du hier", sang Ulla Meinecke. „Du bist so räudig und verdreckt, doch vor dir habe ich Respekt." Ich hielt es mit der letzten Zeile und kurvte mit meinem weißen R4 quer durch die Stadt. Ich verfuhr mich im Straßengewirr und bald aus purer Lust, „mein" Frankfurt zu erkunden.

Heute spaziere ich gern zu Fuß durch den urbanen Dschungel bis hinaus in den Grüngürtel. Spaziergänge sind **Entdeckungsreisen –** nach diesem Credo arbeite ich auch als Guide. Ein herzlicher Dank für viele Tipps gilt den Kollegen der Frankfurter Stadtevents, Christiane Boehm-Kochanski und Sören Appuhn. Ein dickes Dankeschön geht auch an meinen Ehemann Reinhard, der mich auf den meisten Spaziergängen begleitet hat.

Viel Freude beim Lesen und Laufen wünscht

Ihre Annette Friauf

1

Start/Ziel: Kaiserdom St. Bartholomäus, Domplatz 1, 60311 Frankfurt
Länge: ca. 2 Kilometer
Dauer: ca. 1,5 Stunden
ÖPNV: Haltestelle Dom/Römer
Parken: Parkhaus Dom Römer, Domstraße 1, 60311 Frankfurt

UNTERWEGS ENTDECKT

1. Dom
2. Goldene Waage
3. Hühnermarkt/Stoltze-Brunnen
4. Kaiserpfalz Franconofurd
5. Rathaus
6. Paulskirche
7. Karmeliterkloster
8. St. Leonhardskirche
9. Eiserner Steg
10. Historisches Museum

ESSEN + TRINKEN

Rund um Hühnermarkt, Römerberg und Paulsplatz gibt es zahlreiche Cafés und Restaurants.

Goldene Waage, Markt 5, 60311 Frankfurt am Main, Tel. (0 69) 92 02 03 23, goldenewaage.com (Genießen wie vor 150 Jahren, Frankfurter Kränzchen mit Kaffeespezialitäten)

NEUE ALTSTADT UND RÖMERBERG

Stadtgeschichte auf Schritt und Tritt

Frankfurt hat nach 70 Jahren seine zerbombte Altstadt wiederaufgebaut. Braucht eine Metropole, deren Türme an den Wolken kratzen, in ihrer Mitte wieder Fachwerkromantik? Das Projekt wurde heiß diskutiert und hat doch viele Zweifler überzeugt. Seit 2018 lädt das mit Freude am Detail errichtete Quartier zwischen Dom und Römer zum Staunen ein. Hier trifft man den Mundartdichter Friedrich Stoltze, Goethes Tante und den Struwwelpeter. Weiter geht's zum Römerberg, Frankfurts „gudd Stubb" und vielen anderen Sehenswürdigkeiten der historischen Innenstadt, die allesamt eng beieinanderliegen.

Wir gehen gleich spazieren, aber zuerst wollen wir schreiten. Etwa 230 Schritte, vom Kaiserdom durch die Altstadt zum Römer. In prachtvollem Ornat, mit Schwert, Zepter und Reichsapfel, schreiten wir trockenen Fußes über einen Holzweg, begleitet von Ratsherren, die einen schützenden Baldachin über uns halten. Rechts und links bewundern Tausende von Schaulustigen den kaiserlichen Zug, recken ihre Köpfe durch die Giebelfenster und jubeln, voller lechzender Vorfreude auf das Volksfest. Vorn am Römerberg dampft schon der mit Würsten gefüllte Ochs am Spieß und aus dem Brunnen fließt roter und weißer Wein. Gold- und Silbermünzen regnen fürs ungestüme Volk herab. Vor dem Roten Haus halten wir an und nehmen einen kräftigen Schluck aus dem silbernen Pokal, den uns die Metzger reichen. Wir schreiten und treten uns zum x-ten Mal auf den Hermelinsaum – und wachen plötzlich auf.

Das wiederaufgebaute Viertel im Herzen Frankfurts wird auch Dom-Römer-Quartier genannt.

So etwa soll die Zeremonie abgelaufen sein, wenn in Frankfurt Könige und Kaiser gekrönt wurden. In der Neuen Altstadt schauen alle Giebel zum Krönungsweg, den viele Monarchen jahrhundertelang gegangen sind. Er verbindet die beiden bedeutendsten Bauwerke der Altstadt: den Kaiserdom St. Bartholomäus und den Römer, das mittelalterliche Rathaus. Das neue Viertel im Herzen Frankfurts wird deshalb auch Dom-Römer-Quartier genannt. Die Buchstaben DR in den Bögen am Ausgang des U-Bahnhofs zum Markt verraten, dass wir hier richtig sind.

Dom und Kunsthalle Schirn

Krönungszug mit der Fliegenden Volksbühne

Von dort gehen wir links und beginnen am 1 **Dom.** Er ist nach dem Märtyrer Bartholomäus benannt und hütet dessen Schädeldecke als wertvollste Reliquie. Frankfurt war niemals Residenzstadt und wollte als Handelsstadt auch nie eine sein. Eine wichtige Rolle kam der Kathedrale wegen der Königswahlen zu, die von 1356 an gemäß der Goldene Bulle, einer Urkunde mit dickem Siegel, abgehalten wurden. Von 1562 an bis 1792 wurde den Herrschern dann in Frankfurt auch die Krone aufgesetzt. Das sicherte den Aufstieg der Reichsstadt am Main. Mit seinem 95 Meter hohen Turm hockt der aus rotem Sandstein erbaute gotische Dom wie eine Glucke, die ihre Küken um sich schart, über der Neuen Altstadt. Wer die 328 Stufen bis zur Aussichtsplattform nicht scheut, kann das Dächermeer mit engen Gassen und Plätzen von oben bestaunen.

Die Neue Altstadt ist nach heutigen Bedürfnissen mit Wohnungen, Geschäften, Gastronomie und Museen wiederauferstanden.

Der Dom war immer eng umbaut. Die Fläche der Neuen Altstadt ist nicht viel größer als ein Fußballfeld. Darauf stehen 35 Häuser, von denen 15 nach historischem Vorbild schöpferisch nachgebaut und 20 im selben charakteristischen Stil neu gebaut worden sind. Frankfurts Altstadt war im Zweiten Weltkrieg stark zerstört. Im März 1944 hatten Kriegsbomben sie fast vollständig in Schutt und Asche gelegt. In den 1970er-

Jahren wurde das Areal mit dem Technischen Rathaus überbaut. Nichts erinnert mehr an diesen Betonklotz. Die Neue Altstadt, 2018 feierlich eingeweiht, ist nach heutigen Bedürfnissen mit Wohnungen, Geschäften, Gastronomie und Museen wiederauferstanden. Ein Projekt, das Frankfurter wie Besucher begeistert. Das Schimpfen über ein „Micky-Maus-Mittelalter“ ist leiser geworden.

Die Häuser tragen ihren historischen Namen, wie die 2 **Goldene Waage** an der Ecke vom Domplatz am Markt. Das prächtige Haus mit seinen Bögen aus rotem Sandstein und Wellengiebeln über zwei Etagen war bereits zur Zeit der Renaissance der schönste Fachwerkbau weit und breit. Der Erbauer Abraham van Hamel, ein Glaubensflüchtling aus den Niederlanden, zog damit neidische Blicke auf

Goldene Waage

sich. Über dem Eingang hängen sein Porträt und das seiner Frau. Hamel handelte mit Gewürzen, Früchten und Farben und kleckerte keineswegs mit Ornamenten an der Fassade. Gold stand für Wohlstand. Die Waage an der Hausecke sollte zeigen, dass hier ein reicher Händler wohnt. Das Haus kam auch innen edel daher. Viele Originalteile wurden wieder eingebaut und schmücken heute ein Café. Die oberen Etagen hat das Historische Museum nach dem Geschmack der Zeit rekonstruiert. Man kann sie bei Führungen besichtigen, mitsamt „Belvederchen", auf das man wohl weniger der Aussicht wegen trat, sondern um in den engen, finsteren Gassen frische Luft zu schnappen.

Im Vergleich zur Goldenen Waage wirkt das Haus Weißer Bock gleich daneben eher schlicht. Es zählt zu den Neuschöpfungen. Sein Treppenhaus beherbergt ein galerieartiges Museum, das Leben und Werk Friedrich Stoltzes gewidmet ist. Den Frankfurter Dichter und Schriftsteller, der unweit von hier 1816 zur Welt gekommen war, sehen wir gleich ein paar Schritte weiter auf einem Brunnen auf dem Hühnermarkt. Der aufrechte Kämpfer für Freiheit und Demokratie wird von Touristen aus China gern mal für Karl Marx gehalten, was er mit dem berühmten Vers weglächelt: „Un es will merr net in mein Kopp enei: wie kann nor e Mensch net von Frankfort sei!" Der 3 **Hühnermarkt mit Stoltze-Brunnen** bildet heute das Zentrum der Frankfurter Altstadt. Hier lassen sich Hochzeitspaare fotografieren, hier werden neue Varianten der Frankfurter Küche wie Krönungswurst oder Handkässalat zum Apfel- oder Traubenwein probiert. Früher boten die Hinkelbauern aus der Umgebung auf dem Domhügel ihr Federvieh an. Heute kann man ringsherum edle Dinge kaufen. Übrigens waren damals schon viele Fachwerkhäuser verputzt. Sie sollten solide wie in Stein gebaut aussehen. Heute wirkt der in Pastelltönen erstrahlende Markt im Vergleich zu den oft nüchternen Plätzen der Mainmetropole ungewohnt kleinstädtisch. Der Vergleich mit der Doppelseite eines Kinderbuchs liegt nahe.

Wie passend, dass im Haus Esslinger die Geschichten eines weltbekannten Kerls mit goldener Mähne lebendig werden. Es steht am Eingang zur Gasse Hinter dem Lämmchen. Das Struwwelpeter-Museum erzählt vom lang anhal-

Hühnermarkt mit Stoltze-Brunnen

Struwwelpeter-Museum

tenden Erfolg der Geschichten von Paulinchen, Suppenkaspar und Zappelphilipp sowie von ihrem Schöpfer, dem Frankfurter Arzt Heinrich Hoffmann. Ein schwarzes Relief an der Fassade zeigt allerdings eine Dame: Johanna Melber, eine Tante von Goethe. Sie betrieb an dieser Adresse ein Geschäft. Der Anekdote nach soll sie dem gekrönten Kaiser so lange und so laut zugejubelt haben, bis dieser ihr endlich einen Blick zuwarf. Apropos Goethe: Die verschieferte Auskragung an den Giebeln nennt man „Frankfurter Nase".

So eine typische Nase trägt das Rote Haus, mit dem die Häuserreihe vom Dom her an der Südseite des Hühnermarkts endet. Mit den ausladenden Dächern und klappbaren Fensterläden erinnert es an eine alte Kaufhalle. Solche Schirnen zogen sich früher bis hinunter zum Main. Die Kunsthalle Schirn hat daher ihren Namen. Früher war hier der Eingang zum Metzgerviertel, und genau hier schlüpfen wir nun in den „Bauch der Stadt". Eine Treppe hinter den Eichenbalken führt uns in die 4 **Kaiserpfalz Franconofurd,** wo die ältesten erhaltenen Gebäudereste aus rund 2000 Jahren Stadtgeschichte ruhen, insbesondere Mauern des karolingischen Königshofs. Die archäologische Gruft wird von einer Decke aus Messing

Eine Treppe hinter den Eichenbalken führt uns in den „Bauch der Stadt".

mit Rautenmustern geschützt. Sie bildet den Unterboden zum Saal des Stadthauses am Markt, das über uns zu schweben scheint. Mit zugekniffenem Auge stellen wir uns die Königshalle Aula regia der früheren Pfalz vor. Modelle und digitale Grafiken des Archäologischen Museums machen sie anschaulich.

Vom Hühnermarkt aus biegen wir links in die **Gasse Hinter dem Lämmchen** ein. Ein paar Schritte weiter verbirgt sich rechts hinter einem Tor der nächste Höhepunkt der Neuen Altstadt: das Goldene Lämmchen, früher ein Messehof. Unter den Arkaden müssen wir uns wieder eine Verkaufshalle vorstellen. Anreisende Händler fanden hier zugleich eine Unterkunft. In Frankfurt herrschte Platznot und so wurde jedes Eckchen Hinterhof und Dachstuhl ausgebaut. Spätere Eigentümer fügten Elemente hinzu. Das erklärt den merkwürdigen Mix an Treppen, Geländern, ionischer Säule und zwei lebensgroßen Jugendstilfiguren. Der Hof diente zu Messezeiten auch als Bühne: Eine englische Theatertruppe soll Shakespeare aufgeführt und Applaus vom Publikum auf den offenen Holzgalerien empfangen haben.

Haus Goldenes Lämmchen

1 NEUE ALTSTADT UND RÖMERBERG

Römer mit Kaiserfiguren und Adler

Wo die Gasse wieder auf die Hauptmeile der Neuen Altstadt trifft, steht an der Spitze im rötlichen Ton des Mainsandsteinton das Haus zu den drei Römern. Sein Giebel bildet, in Blickachse zum Domturm, das Entree der Neuen Altstadt aus Richtung Römerberg. Die Sandsteinpergola stilisiert den Krönungsweg. Ein Spruchband am Haus zitiert vermutlich Clemens Brentano: „Dorn und Disteln stechen sehr, falsche Zungen noch viel mehr ..." Die goldenen Lettern werden von drei Weingläsern unterbrochen. Das kann nur heißen: Der Römer ruft! Wir passieren noch das Steinerne Haus, das nach dem Zweiten Weltkrieg als eines der wenigen Bauwerke fast originalgetreu rekonstruiert wurde. Später wurde ein weißer Würfel angebaut. Hier liegt der Eingang zum Frankfurter Kunstverein.

Und nun hereinspaziert in Frankfurts „gudd Stubb"! Auf der Schauseite steht das 5 **Rathaus** mit der markanten Treppengiebelfassade. Eigentlich handelt es sich um ein Dreigestirn aus den Häusern Alt-Limpurg, Zum Römer und Löwenstein. Warum das zentrale Gebäude Römer heißt, ist nicht ganz klar. Wahrscheinlich stammt der Name von italienischen Kaufleuten, die hier während der Messe übernachteten. 1405 kaufte der Rat der Stadt die Häuser. Das Frankfurter Rathaus ist eines der ältesten in Deutschland, auch wenn sich hinter dem gotischen Patrizierbau ein Bürogebäude im Stil der frühen 1950er-Jahre verbirgt. Seinen berühmten Balkon vor dem prunkvollen Kaisersaal bekam der Römer erst Ende des 19. Jahrhunderts. Gern bietet er prominenten Gäste eine Bühne. Fußballteams feierten von dort Triumphe und die britische Queen winkte den Frankfurtern zu.

Wir treten näher und schalten auf Zoommodus. Denn kaum ein anderes Rathaus ist mit so viel Liebe zum Detail dekoriert wie der Römer. Über dem Balkon sehen wir vier Herren mit Krone: Friedrich II. Barbarossa als ersten deutschen Kaiser, der 1152 in Frankfurt gewählt wurde, Ludwig den Bayer, Karl IV. und Maximilian II. Aber was machen Katzen auf dem Dach? Bohrt da ein Narr schamlos in der Nase? Und dann noch der Spruch: „Geht Dir Rat aus, geh aufs Rathaus". Pure Selbstironie? An der Ecke zur Limpurgergasse verschafft sich Francofurtia, weibliches Symbol der Stadt, mit Mauerkrone, Domturm und dem Schwert Karls des Großen Respekt.

Justitia mit Alter Nikolaikirche

In der Mitte des Römerbergs hält eine andere Dame Waage und Schwert empor: die Göttin Justitia. Mit entblößtem Knie und ohne Augenbinde thront sie auf dem Gerechtigkeitsbrunnen. Man trifft sie meist in Gesellschaft, denn sie ist der Meetingpoint schlechthin. Bei den Krönungsfeiern floss übrigens aus diesem Brunnen der Wein. Heute spenden die Quellnymphen Wasser. Etwas weiter hinten gibt es noch einen Brunnen, bewacht von der Göttin Minerva. Dieser Teil hieß früher passend zum Marktgeschehen Samstagsberg. Zeit für ein Päuschen? Die Terrassenlokale an der Ostzeile bieten den besten Römerblick. Die sechs Fachwerkhäuser sind übrigens nur auf alt getrimmt, sie wurden in den 1980er-Jahren rekonstruiert.

Der Gerechtigkeitsbrunnen ist der Meetingpoint schlechthin.

Zum Postkartenensemble des Römerbergs gehört außerdem die rot-weiße Alte Nikolaikirche mit ihrem achteckigen Turm. Jeweils 5 Minuten nach 9, 12 und 17 Uhr erklin-

1 NEUE ALTSTADT UND RÖMERBERG

Paulskirche

In der Paulskirche wird in jedem Jahr zur Buchmesse der Friedenspreis des Deutschen Buchhandels verliehen.

gen die 47 Glocken des Carillons – ein besonderes Konzert in der „gudd Stubb". Wir verlassen den Römerberg nach Norden und queren die Braubachstraße hinüber zur 6 **Paulskirche.** Der klassizistische Rundbau gilt als Wiege der deutschen Demokratie. Hier fand im Revolutionsjahr 1848 die erste Nationalversammlung statt. Heute ist die Paulskirche mit dem Einheitsdenkmal davor ein Ort für besondere Veranstaltungen. Mehr Raum für Ausstellungen, Workshops und Diskussionen soll das geplante Haus der Demokratie schaffen.

Wir schauen in die Flucht der **Bethmannstraße,** die von der „Seufzerbrücke" überspannt wird. Hier kann man erahnen, dass die Büros der Stadtverwaltung sich über viele Gebäude ausbreiten. Überragt wird alles vom „Langen Franz". Der Turm war um 1900 der höchste Profanbau der Stadt. Ein Verein hat sich erfolgreich dafür engagiert, dass er seine markante Haube zurückbekommt. Vom **Paulsplatz** aus drehen wir uns zum Römerberg hin, um das Glasmosaik „Phönix aus der Asche" am Eckhaus zu bewundern. Der mythische Vogel erhebt sich über der vom Krieg zerstörten Stadt – ein Symbol für den Wiederaufbau. Manche möchten darin einen Adler erkennen, Frankfurts Wappentier, das uns überall in der Altstadt begegnet. Auch in Souvenirshops breitet der Adler seine Flügel aus. Schließlich ziert er das Logo des Sportvereins Eintracht Frankfurt.

Wir gehen zum Römerberg zurück und biegen hinter dem Rathaus rechts in die **Limpurgergasse** ein. Gleich um die Ecke entdecken wir eine versteckt liegende Perle: das Römerhöfchen mit Treppenturm. Auf dem Brunnen thront Herkules. Gleich vorn ist der Eingang zum Städtischen Weingut, wo man den Riesling vom Frankfurter Lohrberger Hang (siehe Route 11 Der Lohrberg, Seite 138) und mehr kaufen kann. Ein paar Schritte weiter sind wir in der **Münzgasse** und biegen links in die Karmelitergasse ab. Sie ist nach der einzig erhaltenen mittelalterlichen Klosteranlage benannt, gegründet vom Bettelorden der Karmeliten. In dem Gebäudekomplex des 7 **Karmeliterklosters** sind das Archäologische Museum und das Institut für Stadtgeschichte untergebracht. Hier wird mit der Goldenen Bulle Weltkultur-

Bethmannstraße mit „Langem Franz"

St. Leonhard und Bankenviertel

Liebesschlösser am Eisernen Steg

Tolle Aussichten auf Altstadt, Skyline und das Museumsufer gibt es vom Eisernen Steg.

erbe aufbewahrt. Im Kreuzgang sind die bedeutendsten vorbarocken Wandmalereien nördlich der Alpen zu bestaunen. Der Zugang ist öffentlich.

Von der Karmelitergasse gehen wir links in die Alte Mainzer Gasse, um eines der ältesten Bauwerke Frankfurts zu bewundern: die 800 Jahre alte 8 **St. Leonhardskirche.** Die ursprünglich spätromanische Basilika mit ihren gotischen Gewölben und den zwei Glockentürmen hat schwere Zeiten gut überstanden. Unter Kunstliebhabern gilt sie als die schönste der Stadt. Vor der Kirche schauen uns drei Bronzefiguren mit Stab und Muschel an. Sie erinnern an so manchen erschöpften Jakobspilger, der auf seinem Weg nach Santiago in der Kirche unterkam.

Über die **Gasse Am Leonhardstor** gelangen wir hinunter zum Mainkai und halten uns links. Ziel ist der 9 **Eiserne Steg.** Die Brücke verbindet seit 1869 die Altstadt mit Sachsenhausen. Auf ihr gehen Fußgänger von „hibb de Bach nach dribb de Bach“ (siehe Route 5

Sachsenhausen, Seite 66). Die markante Stahlkonstruktion mit den konkav geschwungenen Bögen ist auf mehreren expressionistischen Gemälden des Malers Max Beckmann verewigt. Heute hinterlassen unzählige Paare an den Geländern ihre Liebesschlösser, auch inspiriert von Filmen wie Matthias Schweighöfers „What a Man“, in denen der Steg als romantische Kulisse mitspielt. Tolle Aussichten bietet er allemal – auf Altstadt, Skyline und das Museumsufer. Also steigen wir hinauf und blicken auf das Fahrtor, durch das der Römerberg immer mit dem Mainufer verbunden war. An der Ecke wacht der mittelalterliche Rententurm. Rechts davon fügen sich Bernus- und Burnitzbau sowie die Saalhofkapelle an, die im 12. Jahrhundert am Rand der Königspfalz stand. Alle Gebäude bilden den Saalhof und beherbergen heute das Historische Museum – unser nächstes Ziel.

Auf dem Weg zum Römerberg passieren wir das Haus Wertheim, das als einziges von 1200 Fachwerkhäusern in der Altstadt den Bombenhagel überstand. Rechts präsentiert sich das 2017 völlig neu gestaltete 10 **Historische Museum.** Mit modernem Konzept, verteilt auf 6000 Quadratmetern Raum, kombiniert es reiche Geschichte und ak-

Saalhof mit Rententurm

1 NEUE ALTSTADT UND RÖMERBERG

Historisches Museum mit Skulpturengalerie

Saalgasse

tuelle Themen. Die Skulpturengalerie auf dem Museumsplatz lädt zu Selfies mit griechischen Göttern ein. Durch eine Kuppel sehen wir die „Schneekugel" im Untergeschoss. Sie macht acht Stadtmodelle sichtbar und so auf einen Museumsbesuch neugierig.

Wir biegen hinter dem Neubau in die **Saalgasse** ein. Sie war eine wichtige Verkehrsachse in der Altstadt. Ihre bunten, verspielt gestalteten Bürgerhäuser aus den 1980er-Jahren stehen für den Stil der Postmoderne. Diesen vertritt auch die Kunsthalle Schirn, die man von der Saalgasse aus über eine Treppe erreicht. Wir gehen geradeaus bis zum gotischen Leinwandhaus, in dem das Caricatura Museum mehr als 4000 Originale der legendären Neuen Frankfurter Schule zeigt. Mit Werken von F. W. Bernstein, Robert Gernhardt, Chlodwig Poth, Hans Traxler und F. K. Waechter ist das Museum hier, im Schatten des Doms, ein Tempel der Satire. Zum Abschluss des Spaziergangs ruft uns der bronzene Elch mit Trenchcoat und Hut den berühmten Zweizeiler zu: „Die schärfsten Kritiker der Elche waren früher selber welche". Nachdenklich gehen wir zum Dom hinauf und sind am Ziel.

Elch vor dem Leinwandhaus

DAS GROSSE STADTGELÄUTE

50 Glocken, zehn Kirchen. Heiliger Bimbam! Im Takt der Kirchenglocken durch die City spazieren oder einfach eine halbe Stunde innehalten – das geht nur in Frankfurt. Viermal im Jahr, jeweils vor dem ersten Advent, an Heiligabend, zu Ostern und Pfingsten, erklingt am späten Nachmittag das große Geläute. Den Auftakt macht die Bürgerglocke der Paulskirche, gefolgt von St. Katharinen und Liebfrauenkirche. Dann stimmen Peterskirche, Dominikaner- und Karmeliterkloster sowie St. Leonhard ein. Die Alte Nikolaikirche auf dem Römerberg ruft die Dreikönigskirche in Sachsenhausen. Zum Höhepunkt folgen die neun Glocken des Kaiserdoms mit dem dumpfen Klang der Gloriosa, mit fast zwölf Tonnen die zweitschwerste Bronzeglocke Deutschlands. Das Stadtgeläute ist eng mit der Geschichte des Kaiserdoms verbunden. 1954 komponierte Paul Smets die heutige Version so, dass alle Glocken harmonisch aufeinander abgestimmt sind.

2

Start: Stadtpark Nizza am Terrassenlokal, Untermainkai 17, 60329 Frankfurt am Main
Ziel: Literaturhaus Frankfurt, Schöne Aussicht 2, 60311 Frankfurt am Main
Länge: ca. 5 Kilometer
Dauer: ca. 2,5 Stunden
ÖPNV: Haltestelle Willy-Brandt-Platz; Rückkehr zum Ausgangspunkt ab Haltestelle Zoo
Parken: Parkhaus am Theater, Willy-Brandt-Platz 5, Einfahrt Untermainanlage, 60329 Frankfurt am Main

UNTERWEGS ENTDECKT

1. Nizza-Ufer
2. Beethovendenkmal
3. Alte Oper
4. Nebbiensches Gartenhaus
5. Bürgergarten
6. Bethmannpark mit Chinesischem Garten
7. Odeon
8. Erinnerungsstätte Synagoge Friedberger Anlage
9. Rechneigrabenweiher
10. Literaturhaus Frankfurt

ESSEN + TRINKEN

Restaurant Opéra, Opernplatz 1, 60313 Frankfurt am Main, Tel. (0 69) 58 80 43 30, kuffler.de
(internationale Küche im glanzvollen Saal oder auf der Terrasse mit Skylineblick)
Hamburger am Turm, Eschenheimer Anlage, 60318 Frankfurt am Main, Tel. (0 69) 29 02 02, hamburgeramturm.de
(familiengeführter kultiger Imbiss, bis 4 Uhr geöffnet)
Café Maingold, Zeil 1, 60313 Frankfurt am Main, Tel. (0 69) 28 33 27, cafe-maingold.de
(Waffeln und Kuchen im 50er-Jahre-Retro-Charme mit Terrasse)

DER ANLAGENRING

Grüne Welle um die City

Wie ein Hahnenkamm wellt sich der Anlagenring vom Bankenviertel bis zum Ostend. Er ist die grüne Lunge der City. Wo früher Mauern, Bastionen und Wassergräben die Stadt schützten, erstreckt sich heute, parallel zu mehrspurigen Straßen, ein Landschaftspark von unschätzbarem Erholungswert. Ob auf dem Weg ins Büro oder nach Hause – hier macht die Hektik Pause. Wer sich Zeit nimmt, kann alle paar Schritte etwas Neues entdecken: Reste großbürgerlicher Gärten, moderne Kunstobjekte und jede Menge Denkmäler. Überall stehen prominente Herren auf Sockeln im Gebüsch. Und mit Spielzonen ist der Park auch für Kinder anziehend. Auf geht's zu einer Tour durch sieben Anlagen auf einen Streich.

Wir starten dort, wo das Mainufer am mediterransten ist: am Frankfurter 1 **Nizza.** Neben der Untermainbrücke, von einer hohen Mauer geschützt, gedeihen Palmen, Bananenstauden, Feigen- und Olivenbäume, Zypressen, Granatapfel und viele andere Pflanzen, die es warm lieben. Das Nizza hat sein eigenes Mikroklima. Man sieht es dem Botanischen Garten gewiss nicht mehr an, dass er im 19. Jahrhundert auf einem ehemaligen Hafengelände angelegt wurde. Eigentlich sollten hier, auf dem zugeschütteten kleinen Main, Lagerplätze gebaut werden. Doch die Stadtgärtner ihrer Zeit waren sich einig, dass dieses Fleckchen Erde zu einer kleinen Riviera bestimmt ist. So holte man sich ab 1875 exotische Erholungsgebiete an den Main. Das Nizza entstand wie auch der Palmengarten (siehe grüne Seite 101 Palmengarten) später als die Wallanlagen. Berauscht von den Düften der Côte d'Azur,

Nizza-Ufer

Durch das Grün der kleinen Riviera blitzt weiß das Rothschildpalais.

verlassen wir die Anlage am östlichen Ausgang und laufen unter den Platanen zur Treppe zurück. Parallel zum Weg erinnern Bahnschienen an die alte Strecke zwischen Ost- und Westhafen. Sie hat sich noch nicht ganz das Rauchen abgewöhnt. Zu besonderen Anlässen lädt der Verein Historische Eisenbahn Frankfurt zu Fahrten mit dem ratternden Dampfross ein.

Am Terrassenlokal nehmen wir die Treppe, überqueren den **Untermainkai** und passieren das Rothschildpalais mit dem ebenso weiß leuchtenden Lichtbau. Es beherbergt das im Herbst 2020 neu eröffnete Jüdische Museum (siehe grüne Seite 39 Jüdisches Frankfurt). Dahinter beginnt die Untermainanlage, der kleinste der sieben Abschnitte. Hier, über der Tiefgarage des Theaters, ist der Anlagenring zunächst ein schmaler Grünstreifen, der sich zum Willy-Brandt-Platz hin öffnet. Mit dem Bau des Schauspielhauses 1902 wurde die Fläche stark reduziert und in den 1960er-Jahren mit der neuen Doppelanlage für Theater und Oper komplett überbaut. Dieser soll abgerissen und durch separate Neubauten ersetzt werden. Links vom Weg thront die Mainnixe auf dem Jugendstil-Märchenbrunnen, gestaltet von Städelprofessor Friedrich Hausmann. Auf der anderen Seite der Straßenbahnlinien weist uns die große blaue Euro-Skulptur von Ottmar Hörl (siehe Route 3 Die Kaiserstraße, Seite 40) den Weg in die **Gallusanlage.** Gleich links ist eine spiralartige Skulptur platziert: Der „Olymp von Weimar“ grüßt Goethe, der hier

Gallusanlage, „Olymp von Weimar" mit Taunusturm

vorübergehend geparkt war, bevor er auf seinen Sockel auf dem Goetheplatz zurückkehrte. Dahinter betrauert eine Mutterfigur aus Bronze die Toten des Ersten Weltkriegs. Rechts führt der Weg zum Eingang einer Dependance des Museums für Moderne Kunst im Taunusturm.

Von der Aussichtsplattform des Maintowers hat man aus 200 Metern Höhe einen fantastischen Blick auf die Stadt.

Wir kreuzen die Straße **Taunustor,** wo der runde 200 Meter hohe Maintower ins Bild rückt. Er ist der einzige Bankturm mit Aussichtsterrasse. Fast bodenständig dagegen steht Friedrich Schiller stolz auf seinem Sockel. In den Händen trägt er Buch und Feder, ein Lorbeerkranz schmückt den Dichterkopf. Wir sind nun im zweiten Abschnitt, der **Taunusanlage,** angelangt. Aber wie ist der Anlagenring entstanden? Nach

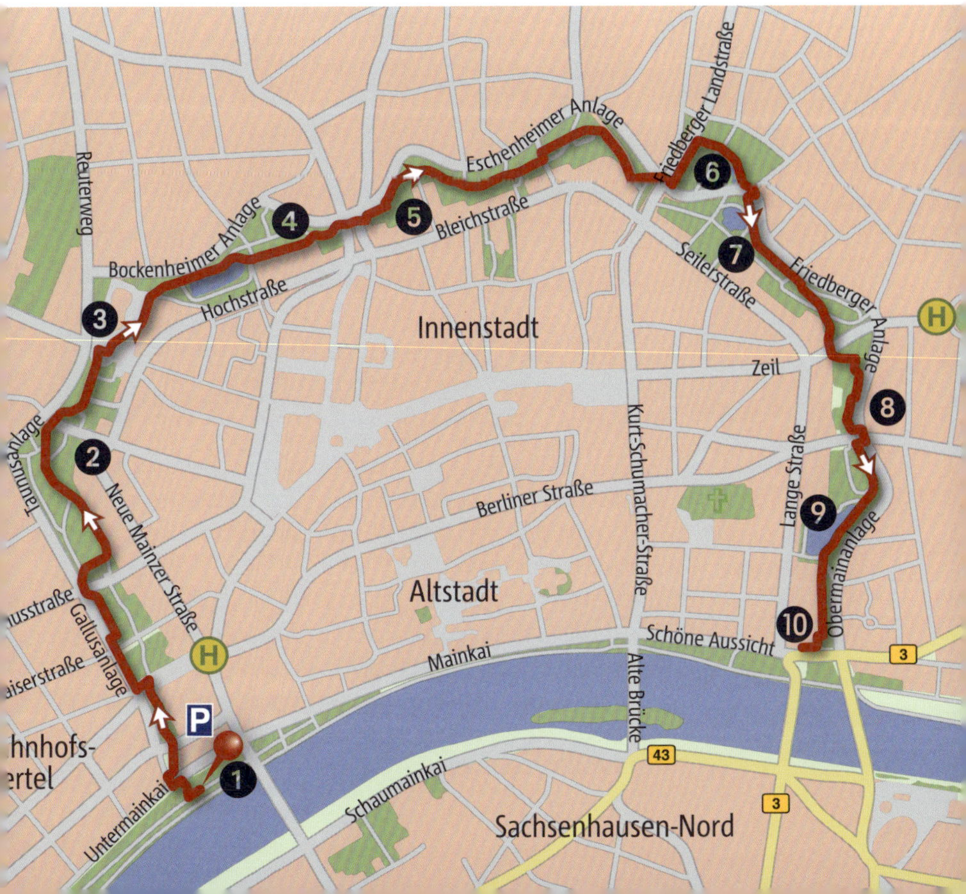

2 DER ANLAGENRING

Taunusanlage, „Begegnung mit dem Tänzer"

1800 war Frankfurt in den engen Grenzen der Stadtmauern nicht mehr zu halten. Die Befestigungsanlagen wurden abgetragen, Frankfurt öffnete sich. Und das mit einem klugen Kniff: Man versteigerte die Grundstücke und wälzte so die Abrisskosten auf die neuen Eigentümer ab. Bauland war in der Altstadt rar und deshalb die Nachfrage entsprechend groß. Die Käufer erhielten Auflagen. Sie mussten den inneren Ring im klassizistischen Stil bebauen und davor binnen eines Jahres Gärten anlegen. Der äußere Ring war für Promenaden reserviert. Lustwandeln kam in Mode.

Mit Sebastian Rinz gewann die Stadt einen Gestalter, der den Zeitgeschmack nach einem landschaftlichen Stil traf. Das brachte ihm bereits 1808 den Titel „Frankfurter Stadtgärtner auf Lebenszeit" ein. Die heutige Taunusanlage hatte er mit einem Goldfischweiher und prächtigen Elementen verziert, denn sie grenzte direkt an einen großbürgerlichen Garten an, den Lulu des Bordes, Schwester von Bettine und Clemens Brentano, nobel hatte gestalten lassen. Wir benötigen etwas Fantasie, uns die Pracht von damals vorzustellen. Heute unterstreicht ein zu Stein erstarrtes schlafendes Schneewittchen, von einer Mauer eingefasst, den etwas morbiden Charme der Umgebung. In den 1990er-Jahren machten die Grünanlagen nahe dem Bahnhofsviertel als Treffpunkt von Junkies von sich reden, bis die Stadt mit einer liberalen Drogenpolitik, dem sogenannten Frankfurter Weg, die offene Szene beendete. Eine Gedenktafel erinnert an die Opfer der Drogensucht.

Taunusanlage, Schillerdenkmal

Rechts vom Weg führen Treppen zu einem Hügel hinauf, auf dem ein Denkmal des Bildhauers Georg Kolbe steht. Seine Werke sind in der ganzen Stadt verteilt zu finden und liefern wegen seiner unklaren Haltung zur NS-Zeit Gesprächsstoff (siehe Route 7 Das Westend, Seite 88): Hier ist es das 2 **Monument für Ludwig van Beethoven.** Der Komponist zeigt sich hier einmal nackt, muskulös, überlebensgroß, im Trio mit zwei Damen: der Sinnenden und der Rufenden. Kolbe ging es um eine Allegorie der menschlichen Genialität. Der Hügel verrät eine frühere Bastionsspitze der Stadtbefestigung. Zur Zeit der großbürgerlichen Gärten stand dort ein Schweizerhäuschen. Wir machen einen Schlenker zur **Mainzer Landstraße.** Am Ausgang der Taunusanlage steht ein viereckiger Sandsteinbrunnen, gekrönt vom Kopf

Friedrich Schiller stand früher nahe der Hauptwache und blickte auf die Zeil.

eines Winzers, der uns frech angrinst. Es ist der Lachhannes mit seinem Spruch: „Gesegnet soll der Trunk uns sein: Das Wasser euch und mir den Wein."

Wir gehen weiter, queren die **Junghofstraße,** grüßen eine liegende Dame und treffen schon wieder auf eine lustige Gestalt. In einem Pavillon fordert uns der Tänzer mit Harlekinkragen und Augenlarve zum Reigen auf. Auf der Wiese linker Hand steht das Denkmal des Mannes, unter dessen Ägide die Wallanlagen entstanden: Bürgermeister Jakob Guiollett. Auf den Reliefplatten sind Handwerker bei der Arbeit dargestellt. Zurück auf der Hauptachse passieren wir den Marshall-Brunnen zu Ehren des US-Außenministers und gehen durch den halbrunden Schattengang auf den Opernplatz zu. Pompös, aber sinnlich präsentiert sich das 3 **Alte Opernhaus** von 1880, das „Dem Wahren Schoenen Guten" gewidmet ist. Die weißgelbe, reichlich verzierte Fassade mit ihren eleganten Arkaden, der sprudelnde Lucae-Brunnen und die Schirme der Restaurantterrassen – hier verströmt Frankfurt italienisches Flair. Opern-Baumeister Richard Lucae hatte so manches bei der Dresdner Semperoper abgeschaut. Pegasus, Pantherquadriga und all die vielen Porträts der Dramatiker und Komponisten – ist das da oben links nicht Mozart? Kaum zu glauben, dass die Alte Oper in der Nachkriegszeit gesprengt werden sollte. Die fixe Idee hatte dem Oberbürgermeister Rudi Arndt seinerzeit den Spitznamen Dynamit-Rudi eingebracht.

Alte Oper

Hinter der Alten Oper beginnt die Bockenheimer Anlage. Ein Teil davon ist nach der Schauspielerin und Gründerin des Volkstheaters Liesel Christ benannt, die als Mama Hesselbach der Fernsehnation unvergessen geblieben ist. Dahinter schließt sich ein hübscher Weiher an, der aus einem Löschwasserbecken entstand. Er ist dem legendären Jazzposaunisten Albert Mangelsdorff gewidmet, der hier gern Enten und Reiher beobachtet hat. Ein Relikt der ursprünglichen Gartenarchitektur ist das 4 **Nebbiensche Gartenhaus.** Der gleichnamige dänische Verleger hatte den klassizistischen Pavillon um 1810 von dem berühmten Architekten Nicolas Alexandre Salins de Montfort errichten lassen. Heute ist er ein pittoresker Ort für Kultur.

Nebbiensches Gartenhaus

Am Eschenheimer Turm (siehe Route 6 Nordend Holzhausenviertel, Seite 78) zerschneidet die mehrspurige **Eschersheimer Landstraße** den Anlagenring. Ein paar Fußgängerampeln lotsen uns in die Eschenheimer Anlage. Gleich vorn ehrt ein bemoostes Denkmal aus Kunststein

Bockenheimer Anlage mit Kunst am Wegesrand

Bethmannpark

den Erfinder des Fernsprechapparats Philipp Reis. Seine Büste wird von zwei telefonierenden nackten Jünglingen umrahmt. Als das Denkmal 1919 enthüllt wurde, stahlen die Knaben der technischen Neuheit die Schau. Frankfurt hatte mal wieder einen Skandal. Ein paar Schritte weiter besuchen wir ein ganz besonderes Kleinod, das an die einstigen privaten Wallgärten erinnert: den 5 **Bürgergarten.** Kreative Landschaftsarchitekten gestalteten 1982 einen Tiefgarten mit Staudenbeeten und Pergola. Sie fügten dabei Fassadenteile aus dem Palais Löwenstein ein, das einst an der Taunusanlage stand – dort, wo sich heute die zwei Doppeltürme der Deutschen Bank erheben. Mittelpunkt des Gartens ist ein Brunnen, gefasst durch ein Steinmosaik, in das ein Medusenkopf eingelassen ist.

Zwei Figuren, eine üppige Frauengestalt und ein nachdenklicher Sitzender, säumen den Weg zu einem besonders farbenfrohen Teil der Anlage. Bemalte Holzpfähle und Spielgeräte zeigen: Hier ist Kinderland. Ein bunter Zaun schützt ein Gartenbeet mit Bienenhotel. Und es gibt noch mehr Tierisches zu entdecken. Rechts vor dem Spielplatz, an einem Fernrohr, klebt ein Vorfahrtsschild mit schlafenden Fledermäusen. Es markiert eine von 46 Stationen entlang der Regionalpark-Safari, die vom Frankfurter Zoo bis zum Opel-Zoo in Kronberg führt. Wir aber reisen weiter in den Orient. Von der anderen Straßenseite macht ein Haus wie aus 1001 Nacht auf sich aufmerksam. Es wird das Maurische Haus genannt. Der Legende nach soll ein reicher Frankfurter es einer wunderschönen Ägypterin geschenkt und sich damit fürchterlich ruiniert haben. Die Legende erzählt, dass er keinen anderen Ausweg mehr sah, als aus dem Leben zu scheiden.

Am Friedberger Tor verlassen wir die Wallanlagen und unternehmen die nächste Reise. Diesmal geht es nach Fernost. Wir besuchen den 6 **Bethmannpark mit seinem bezaubernden Chinesischen Garten.** Der Eingang liegt an der **Friedberger Landstraße.** Ende des 18. Jahrhunderts hatte die Bankiersfamilie von Bethmann, der dieser Teil der Wallanlagen gehörte, einen Patriziergarten erworben und ihn, jeweils passend zum Trend, von Rokoko zum englischen Landschaftsgarten umgestalten lassen. Nach dem Zweiten

Eingangstor Chinesischer Garten

Pagode im Chinesischen Garten

Weltkrieg widmete die Stadt den Park in einen Schaugarten um. Bis heute erhalten hier Blumen- und Pflanzenfreunde praktische Tipps von Fachleuten. Rund um die frisch renovierte Orangerie wachsen Blühstauden in harmonischen Gesellschaften. An den Spieltischen trifft man sich zu einer Partie Schach unter dem Spalier. Kinder tummeln sich auf dem Spielplatz. Hinter üppigen Bananenpflanzen laden uns Bänke zu einer kleinen Pause ein. Doch schon macht uns die weiße Mauer gegenüber neugierig auf eine geheimnisvolle Welt.

Der Chinesische Garten wird auch Garten des Himmlischen Friedens genannt.

Zwei Löwen bewachen das Eingangstor des Chinesischen Gartens. Wir treten hindurch und staunen stumm über dieses ästhetische Kunstwerk aus Pavillons mit geschwungenen Pagoden, filigranen Brücken, einem Teich mit Seerosen und Lotusfels. Seitlich plätschert ein Wasserfall. Zur Gestaltung dieser exotischen Oase hatten Gartenbauexperten aus China 1989 originale Elemente mitgebracht, die hier mit dem alten Baumbestand und fernöstlichen Pflanzen ein vollendetes Ganzes bilden. Eine Serie von Brandanschlägen hatte 2017 neben dem Goetheturm auch den Wasserpavillon zerstört. Danach ließen Fachleute aus China den Garten ganz im Zeichen der Harmonie von den sieben Dingen wiederauferstehen.

Odeon, heute eine Eventlocation

Friedbergor Anlage mit Weiher und Odeon, Anton Radl um 1830

Uhrtürmchen mit Zoo-Gesellschaftshaus

Berauscht von dem Kleinod, verlassen wir den Park nach Süden zur **Friedberger Anlage** hin und kehren in die Wallanlagen zurück. Links markiert der Bethmannweiher mit seiner fünfstrahligen Fontäne das Zentrum des früheren Landschaftsgartens. Simon Moritz von Bethmann schickt von einem Sockel aus sein ewiges bronzenes Lächeln über das Wasser. Sein Landhaus gibt es nicht mehr. Hinterlassen hat er uns indes ein klassizistisches Gebäude mit geschmückter weißer Fassade, das auf einem künstlichen Hügel unter Eichen und Platanen steht. Seit mehr als 100 Jahren bereits wird das 7 **Odeon** als Restaurant und Tanzlokal genutzt. Ursprünglich hatten die Bethmanns es als erstes öffentliches Museum der Stadt erbauen lassen und darin wertvolle Skulpturen gezeigt. Nicht nur Johann Wolfgang Goethe und Wilhelm von Humboldt staunten über Johann Heinrich von Danneckers Meisterwerk „Ariadne auf dem Panther", das heute zur Sammlung des Liebieghauses am Museumsufer (siehe Route 5 Sachsenhausen, Seite 66) zählt. Zur Erinnerung trägt das Haus, heute Eventlocation, den Namen der Raubkatze.

Wir spazieren weiter und treffen erneut auf einen Herrn auf Sockel im Gebüsch. Es ist Sebastian Rinz, jener Stadtgärtner, der den grünen Daumen für die Wallanlagen hatte. Mit der linken Hand stützt er sich auf einen Gehstock, in der rechten hält er eine Rose. Wir gehen am Kinderspielplatz und einer Schule vorbei. Wo die Friedberger Anlage vom östlichen Ende der Zeil durchschnitten wird, überqueren wir die Straße. Links steht ein Uhrtürmchen aus der Zeit um 1900. Dahinter schaut am Ende der Pfingstweidstraße das Gesellschaftshaus des Frankfurter Zoos hervor.

Sebastian-Rinz-Denkmal

Zurück auf den Parkwegen, fällt uns zur Zeil hin ein Jugendstilhäuschen in Fachwerkoptik auf. Seinerzeit als Toilette gedacht, wurde es zu einer Bar mit Gartenterrasse umgebaut. Wir gehen weiter und sehen links an der Straße ein großes, helles Gebäude. Hier stand bis zur seiner Zerstörung während der Novemberpogrome 1938 die größte Synagoge Frankfurts mit 1600 Plätzen. Ein Foto an der Fassade zeigt, wie sie innen ausgesehen hat. Eine Installation aus Granitplatten und Gedenktafeln erinnert an die Geschichte. Auf den Grundmauern wurde 1942 ein fünfgeschossiger Hochbunker zum Schutz gegen Luftangriffe errichtet. Heute beherbergt er die 8 **Erinnerungsstätte Synagoge Friedberger Anlage.** Eine Dauerausstellung informiert über das jüdische Leben im Ostend (siehe grüne Seite 39 Jüdisches Frankfurt). Nicht weit davon steht das Heinrich-Heine-Denkmal nach dem Umzug aus der Taunusanlage wieder an seinem ursprünglichen Ort. Die zwei eleganten Bronzefiguren hatte Georg Kolbe 1913 gefertigt.

Am Allerheiligentor, einst Ausgang nach Osten, Richtung Hanau, starten wir die letzte Etappe am Ring: zur Obermainanlage. An der Ecke zur Hanauer Landstraße ist in einem verklinkerten Bau das Internationale Theater untergebracht, das Gastspiele aus verschiedenen Kulturen präsentiert. Wir queren Straße und Tramschienen und sind wieder unter Bäumen. Marmorweiß strahlt uns der Dichter Gotthold Ephraim Lessing an. Könnte er seinen Kopf nach rechts drehen, würde er den Kindern auf dem Spielplatz vielleicht eine Tierfabel erzählen.

Ein paar Meter weiter erreichen wir den 9 **Rechneigrabenweiher.** Einst diente er als Reservoir zur Spülung der städtischen Kanäle, heute ist er der zentrale Punkt der Obermainanlage. Rinz gestaltete die Umgebung besonders malerisch. Der lieblich geschwungene Weiher, umrahmt von Bäumen und den alten Bastionsmauern der ehemaligen Stadtbefestigung, alles ergibt ein ausgewogenes Gesamtbild – besonders im Herbst, wenn die fuchsrote Farbe der Sumpfzypressen einen Hauch von Indian Summer verströmt. Von den Holzstegen aus kann man den Vögeln beim Schwimmen und den Blättern beim Fallen zusehen. Am Fuß einer Zypresse liegt ein Boot aus rotem Mainsandstein. Damit erinnert der Künstler Michael Siebel an die Zeiten der aktiven Mainfischerei, als im Weiher Fische aufgezogen wurden, die später im Fluss ausgesetzt wurden. Der Main, er ist jetzt nicht mehr weit. Wir erwidern noch schnell den grimmigen Blick des Philosophen Arthur Schopenhauers und gehen Am Hospital zum Heiligen Geist entlang bis zum Ende der Obermainanlage. Unseren Spaziergang beenden wir an der Schönen Aussicht - natürlich auf den Main, die Flößerbrücke und das Hochhaushotel Main Plaza. Aber auch der umgekehrte Blick lohnt sich. Er trifft auf die schneeweißen korinthischen Säulen des 10 **Literaturhauses.** Früher stand hier die Alte Stadtbibliothek. Wer mag, geht unten am Mainufer zum Nizza zurück. Wer müde ist, findet die nächste U-Bahn am Zoo.

Obermainanlage, Rechneigrabenweiher

Skulptur von Ariel Schlesinger zwischen Rothschildpalais und Lichtbau

JÜDISCHES FRANKFURT

Vom Nizza aus gesehen, blitzt es schneeweiß durch die Palmblätter: das Rothschildpalais, in dem eine der weltweit bekanntesten jüdischen Familie lebte. Zusammen mit dem neu errichteten Lichtbau prägt es das Entree des westlichen Anlagenrings. Zentraler Punkt am Bertha-Pappenheim-Platz ist die 11 Meter hohe Skulptur von Ariel Schlesinger. Sie besteht aus zwei in Aluminium gegossenen Bäumen. Einer reckt seine Wurzeln nach oben zum Himmel, während seine Krone mit dem unteren Baum verwoben ist – ein Spannungsfeld zwischen Ver- und Entwurzelung.

Frankfurt zählte einst zu den wichtigsten Zentren jüdischen Lebens in Europa. In keiner anderen deutschen Stadt gab es eine derart große Gemeinde. Das Jüdische Museum war am 9. November 1988 als bundesweit erstes nach der Shoah eröffnet worden. Die neu gestaltete Dauerausstellung zeigt 800 Jahre jüdisches Frankfurt. Zu den Exponaten zählt das Kinderstühlchen von Anne Frank. An vielen multimedialen Stationen zeigt das Haus Religion, Kultur und Alltag im Hier und Jetzt. Das Museum Judengasse, Battonnstraße 47, steht auf Mauerresten des ältesten jüdischen Gettos Europas. Auf dem Jüdischen Friedhof, Rat-Beil-Straße, liegen prominente Bürger wie der Nobelpreisträger Paul Ehrlich.

3

Start: Frankfurt Hauptbahnhof
Ziel: Hauptwache, 60313 Frankfurt am Main
Länge: ca. 1,5 Kilometer
Dauer: ca. 1 Stunden
ÖPNV: Haltestelle Frankfurt Hauptbahnhof;
Rückkehr zum Ausgangspunkt ab Haltestelle Hauptwache
Parken: Parkhaus DB Bahnpark Tiefgarage Hauptbahnhof,
Poststraße 3, 60329 Frankfurt am Main

UNTERWEGS ENTDECKT

1. Hauptbahnhof
2. Kaiser-Friedrich-Bau
3. Münchener Straße
4. Freimaurerloge Zur Einigkeit
5. Fürstenhof
6. Commerzbank Tower
7. Hotel Frankfurter Hof
8. Roßmarkt
9. Hauptwache/St. Katharinenkirche

ESSEN + TRINKEN

Entlang der Kaiserstraße und Münchener Straße gibt es viele Lokale.

Steigenberger Frankfurter Hof, Am Kaiserplatz, 60311 Frankfurt am Main,
Tel. (0 69) 2 15 02, hrewards.com
(exquisite Köstlichkeiten in gediegenem Ambiente)
Alims Fischimbiss, Münchener Straße 35–37, 60329 Frankfurt am Main,
Tel. (0 69) 27 13 39 17, alimsfischimbiss-frankfurtammain.de
(einfache Mittagsmenüs in einem Fischgeschäft)

DIE KAISERSTRASSE

Flanieren auf dem Boulevard

Die Kaiserstraße erfindet sich immer wieder neu. In der Gründerzeit wurde sie als pompöser Prachtboulevard angelegt. In der Nachkriegszeit symbolisierte sie das verruchte Frankfurt. Heute ist sie als bunte Kiezmeile beliebt. Auf einer Länge von 1 Kilometer taucht die Kaiserstraße vom Bahnhofs- ins Bankenviertel und zeigt bis zum Roßmarkt viele Gesichter. Der Kontrast zwischen altem Pomp und glatten Bürotürmen, Nobel-Geschäften und Orient-Läden, Luxus-Hotels und Szene-Bars macht die Meile so spannend. Selbst frei von Prostitution, gewährt die Kaiserstraße Seitenblicke ins Rotlichtmilieu.

Wir starten am Platz vor dem 1 **Hauptbahnhof** und schauen als Erstes auf die Uhr. Über dem Eingang des mächtigen, im Stil der Neorenaissance errichteten Gebäudes rahmen zwei allegorische Figuren, Morgen und Abend, das Zifferblatt. Auf dem Dach stemmt Atlas die Weltkugel, begleitet von Dampf und Elektrizität. Als der „Centralbahnhof" am 18. August 1888 als damals größter Verkehrsknotenpunkt Europas eröffnet wurde, schlug die Stunde des modernen Zeitalters. Wie viele „Kathedralen der Technik", die in wilhelminischer Zeit entstanden, zeugt sein 28 Meter hohes Stahlträgergewölbe von höchster Ingenieurbaukunst. Angemessen prächtig sollte auch das Viertel aussehen, das auf dem ehemaligen Gleisbett der drei ausgedienten Frankfurter Westbahnhöfe bis zum Anlagenring entstand.

Die Kaiserstraße und ihre Nachbarinnen Taunusstraße und Münchener Straße zeichnen die Strecken der früheren Bahnlinien nach.

Großbürgerlich, ganz im Stil der Gründerzeit, erstrahlt die **Kaiserstraße** bis heute. Etwa die Hälfte der Gebäude steht noch in originaler Architektur. Ein schönes Beispiel

Kaiser-Friedrich-Bau und Kronenhaus

dafür ist der Neobarockbau Englischer Hof, hinter der Straßenbahnhaltestelle links. In der Nachbarschaft stand das elegante Schumanntheater, das zu den bedeutendsten deutschen Varietés zählte. Leider wurde es in der Nachkriegszeit nicht wieder aufgebaut. Das Fernsehen bot inzwischen Amüsement frei Haus. Das Schumanntheater steht für viele Vergnügungsstätten, die anfangs rund um den Boulevard aus dem Boden schossen und den Belle-Époque-Charakter des Viertels prägten. Hotels und Restaurants kamen dazu.

Vom Bahnhofsvorplatz, der seit 2025 **Emilie-und-Oskar-Schindler-Platz** heißt und damit den Mut des Ehepaars während der NS-Zeit würdigt, überqueren wir die Straße Am Hauptbahnhof hin zum Kaisertor, wo Markthändler zweimal in der Woche frische Ware anbieten. Kult ist die hausgemachte Grüne Soße. An der Ecke zur Moselstraße steht links der altehrwürdige ❷ **Kaiser-Friedrich-Bau.** Der 99-Tage-Kaiser war gerade gestorben, als der Hauptbahnhof eröffnet wurde. In Fluchtlinie ist das silberne

Kronenhaus zu sehen. Rotlicht schimmert aus den Seitenstraßen. Insbesondere an den Ecken zeigt die Kaiserstraße die für sie so typischen Kontraste. In den 1960er- und 1970er-Jahren stand sie sinnbildlich für das verruchte Frankfurt. Die Kriegsbomben hatten im Bahnhofsviertel relativ wenig Schaden angerichtet und so wurden nach 1945 in den Hotels Soldaten der US-Besatzungsstreitkräfte untergebracht. Die Prostitution entwickelte sich. Seit Ende der 1980er ist das Bordellgewerbe nur in Mosel-, Elbe- und Taunusstraße erlaubt und findet vor allem in Laufhäusern statt. Unter den gut 1000 Sexarbeiterinnen, heißt es, sind etwa fünf Prozent Transsexuelle.

Das Bahnhofsviertel ist für Erotik, aber auch für exotisches Essen bekannt. Von Anfang an war die 3 **Mün-**

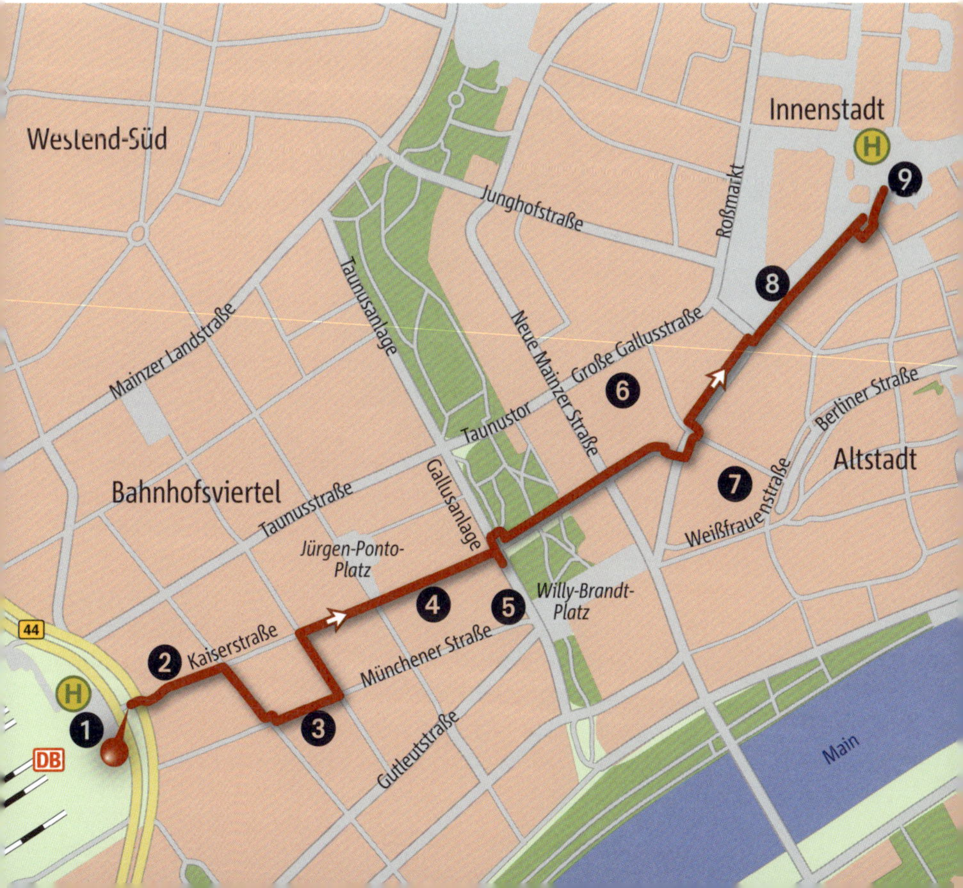

chener Straße die „Freßgasse" des Quartiers. Für einen Abstecher auf die Parallelstraße biegen wir rechts in die Moselstraße ein und an der nächsten Ecke links ab. Mit ihren orientalischen Läden, Kiosken und Imbissen lädt die Münchener noch immer zu kulinarischen Weltreisen ein. Besonders um die Mittagszeit steht man Schlange vor Alims Fischimbiss. An der Ecke zur Elbestraße, die uns zurück zur Kaiserstraße bringt, lockt eine Szenebar. Gegenüber hat der Vorreiter der türkischen Herrenfriseure seine Adresse. Viele Barbiere zogen nach. Zu Kultstatus hat es das City Kiosk Yok Yok– übersetzt „Gibt's nicht gibt's nicht" – gebracht. Mit etwa 300 Biersorten ist der Name auch am neuen Standort vor den Hauptbahnhof Programm. Ringsherum findet man asiatische und afrikanische Läden.

Euro-Skulptur vor dem Bankenviertel

Wohl kein anderer Stadtteil ist so multikulturell wie das kleine Bahnhofsviertel. Von den 3500 Bewohnern hat jeder zweite keinen deutschen Pass. Mehr als zwei Drittel der Wohnungen sind Singlehaushalte. Etwa bis zum Jahr 2000, vor der großen Modernisierung, waren die Mieten sensationell günstig. Das Appartementhaus K58 an der Ecke Kaiser-/Elbestraße ist ein Beispiel für neues, schickes Wohnen in der Metropole, wo sie vielleicht am urbansten ist. In der Nähe finden Drogensüchtige Konsumräume. Immer wieder steht Frankfurt vor der Aufgabe, Deutschlands größte offene Drogenszene und das damit verbundene Elend in den Griff zu bekommen.

Im nächsten Abschnitt der Kaiserstraße passieren wir schöne alte Häuser in rotem und gelbem Sandstein, bis sich an der nächsten Straßenecke wieder ein Bankenturm ins Bild schiebt. Der Ende der 1970er für die Dresdner Bank errichtete Silberturm war mit 166 Metern das höchste Bauwerk Deutschlands, bis ihm die neuere Generation der Wolkenkratzer den Rang ablief. Auf der rechten Straßenseite, Hausnummer 37, gewährt uns die Kaiserstraße einen Blick in einen ihrer ursprünglichen Innenhöfe. Durchs schmiedeeiserne Tor sehen wir eine prachtvoll verzierte Fassade. Die Symbole Winkel und Zirkel verraten, dass hier eine Loge beheimatet ist. Die 4 **Freimaurerloge Zur Einigkeit,** 1742 gegründet, ist eine der ältesten Deutschlands.

Der prunkvolle Festsaal der Freimaurerloge in der Beletage wird heute gern für Veranstaltungen genutzt.

Wo die **Gallusanlage** die Kaiserstraße kreuzt, endet das Bahnhofsviertel und das Bankenviertel beginnt. Hier standen ehemals die drei Westbahnhöfe. Die linke Straßenecke wird von dem 136 Meter hohen Wolkenkratzer Gallileo dominiert, der im unteren Teil das English Theatre beherbergt. Es ist das größte englischsprachige Theater auf dem europäischen Festland. Die rechte Ecke präsentiert mit dem 5 **Fürstenhof** noch einmal den pompösen Glanz der Gründerzeit. Erbaut als Grandhotel, zählte er zu den ersten Adressen der Stadt. 1910 war der Schah von Persien zu Gast.

Hoftor zur Freimaurerloge

Kaiserplatz: Wo geht's lang?

Der Anekdote nach soll der strenge Geruch von Hammelbraten andere Gäste vertrieben haben. Das Hotel ging wohl aus anderen Gründen im selben Jahr pleite. Einzig das Café Rumpelmayer überdauerte die Zeit. Mit Tischtelefonen war es so etwas wie ein Dating-Lokal aus Omas Zeiten. In den 1980er-Jahren schließlich vermarktete der Immobilienunternehmer Jürgen Schneider den Fürstenhof als „Perle des Bahnhofsviertels“. Der Rest ist Geschichte. Die „Peanuts“-Affäre beschreibt einen der größten Betrugsfälle in Deutschland.

Hotel Frankfurter Hof

Wir queren den Anlagenring (siehe Route 2 Der Anlagenring, Seite 24) hin zum **Willy-Brandt-Platz,** dem ein Umbau der Städtischen Bühnen bevorsteht. Für unseren Bummel kündigt die monumentale Euro-Skulptur von Ottmar Hörl nun das Bankenviertel an. Hier geben sich Wolkenkratzer ein Stelldichein: rechts der 148 Meter hohe Eurotower, bis 2014 Sitz der Europäischen Zentralbank, links der 170 Meter messende Taunusturm mit untersetztem Wohngebäude und mittendrin der mit 259 Metern Höhe alles überragenden ❻ **Commerzbank Tower.** Auch ohne Antenne ist er der Spitzenreiter in der Skyline und das höchste Gebäude in der Europäischen Union. Nach dem Entwurf des britischen Stararchitekten Norman Foster gebaut, erfüllt das Hochhaus mit Licht, Luft und Gärten besondere ökologische Standards.

An der Ecke zur **Neuen Mainzer Straße** fällt uns ein Haus mit rotem Backstein und blauweißem Fries im Stil der Neorenaissance auf. Es wurde von Paul Wallot entworfen, dem Architekten des Berliner Reichstagsgebäudes. Eine paar Schritte weiter kommen wir am **Kaiserplatz** an. Eine Fontäne sprudelt aus der breiten Schale des Brunnens im Zentrum. Vis-à-vis zur Treppe zum Commerzbank Tower

Als erstes Hotel in Deutschland bot der Frankfurter Hof elektrisches Licht.

verströmt das 7 **Hotel Frankfurter Hof** seinen luxuriösen Glanz. Dazwischen, an der spitzen Ecke zur **Friedensstraße,** repräsentiert das Junior-Haus mit dem Treppenhausturm samt Mercedesstern auf dem Dach, ein Bau von Wilhelm Berentzen, die 1950er-Jahre. Das passt: Mit einem schwarzen Mercedes-Benz-Cabrio 190 SL mit roten Ledersitzen ging die Lebedame Rosemarie Nitribitt vor dem Luxushotel auf Kundenfang (siehe Route 6 Nordend Holzhausenviertel, Seite 78). Der Frankfurter Hof, anfangs geleitet von dem bekannten Hotelier César Ritz, beherbergte seit 1876 viele berühmte Leute.

Gutenberg-Denkmal

Vom Kaiserplatz aus gewinnt die Kaiserstraße mit Schaufenstern von Markenstores immer mehr das Gesicht der Innenstadt. Am 8 **Roßmarkt** haben wir ihr Ende erreicht. Tatsächlich wurden hier Pferde verkauft. Größter Abnehmer war der Generalpostmeister aus dem Haus Thurn und Taxis. Hier fanden aber auch öffentliche Hinrichtungen statt. Besonderes Aufsehen erregte 1616 die Exekution des Lebkuchenbäckers Vinzenz Fettmilch. Der Anführer des nach ihm benannten Aufstands, der in einer Plünderung der Judengasse eskalierte, wurde mit seinen Gefolgsleuten zum Scharfrichter geführt. Dieser trennte ihm zwei Finger der Schwurhand ab, enthauptete und vierteilte ihn. Die Schädel aller Verurteilten, die am Aufstand beteiligt waren, wurden auf dem Brückenturm am Main aufgestellt, als Warnung an diejenigen, die Aufruhr in die Stadt bringen wollten. Diese grausame Geschichte wäre uns gar nicht bekannt, wenn Johannes Gutenberg nicht zusammen mit Johannes Fust und Peter Schöffer den Buchdruck erfunden hätte. Den drei Pionieren der schwarzen Zunft ist das Denkmal auf dem Roßmarkt gewidmet. Dank der Neuheit wurden Drucke auf der Messe gehandelt – die Buchmesse war geboren.

Am Roßmarkt lässt sich studieren, wie die Skyline wächst. Von der Großen Gallusstraße im Westen präsentiert sich über 45 Etagen der 190 Meter hohe Omniturm. Das Büro- und Wohngebäude und die vier Türme des Four 4 haben hat Frankfurts Silhouette um eine Facette reicher gemacht. Gleiches gilt für den imposanten Hotelkomplex, der mit weißer Fassade hinter 9 **Hauptwache und St. Katharinenkirche** auftaucht. Die beiden historischen Gebäude bestimmen einen zentralen Platz im geschäftigen Frankfurt. Die barocke Hauptwache von 1730, heute ein Café, diente früher als Gefängnis. Der bekannteste Insasse war Johann Erasmus von Senckenberg. Das schwarze Schaf der Mäzenaten-Familie, denen Frankfurt den Botanischen Garten, das Senckenbergmuseum und das Bürgerhospital verdankt, wurde wegen Beleidigung, Diebstahl, Erpressung und schließlich Vergewaltigung angeklagt. Das Verfahren zog sich hin. So verbrachte er 26 Jahre seines Lebens im Arrest in der Hauptwache, bis er an Altersschwäche starb. Von seinem Zellenfenster aus soll Senckenberg gegen die Hinrichtung von Susanna Margaretha Brandt protestiert haben. Das Schicksal der Kindsmörderin inspirierte Goethe zur Gretchenfigur im Faust. Der Dichter selbst wurde in St. Katharinen konfirmiert. Sie ist heute die evangelische Hauptkirche der Stadt.

Hauptwache

Wer nach diesem Ausflug in die Kriminalgeschichte noch Lust auf Shopping hat, biegt von der Hauptwache rechts auf die Zeil ab. Hier werben seit 1890 Kaufhäuser um Kundschaft. Seither hat die Geschäftsmeile ihr Gesicht immer wieder verändert und wird dies wohl auch weiter tun.

4

Start/Ziel: Gerbermühlstraße 105, 60594 Frankfurt am Main
Länge: ca. 6 Kilometer
Dauer: ca. 2,5–3 Stunden
ÖPNV: Haltestelle Gerbermühle oder Buchrainplatz (ca. 600 Meter Fußweg)
Parken: Rudererdorf, Mainwasenweg 33, 60599 Frankfurt am Main

UNTERWEGS ENTDECKT

1. Gerbermühle
2. Rudererdorf
3. Osthafenbrücke
4. Deutschherrenbrücke
5. Flößerbrücke
6. Alte Brücke
7. Brickegickel
8. Äquatorialsonnenuhr
9. Weseler Werft
10. Hafenpark

ESSEN + TRINKEN

Achter – Restaurant & Café, Mainwasenweg 33, 60599 Frankfurt am Main, Tel. (0 69) 69 76 92 95, restaurant-achter.de
(innovative regionale Küche in der Vereinsgaststätte des Frankfurter Ruderclubs, Biergarten unter Platanen)
Sugar Mama, Kurt-Schumacher-Straße 2, 60311 Frankfurt am Main
(hausgemachte Kuchen, Quiches und Sandwiches, Retro-Atmosphäre vor der Alten Brücke)
Kunstverein Familie Montez, Honsellstraße 7, 60314 Frankfurt am Main, kvfm.de
(kleine Auswahl an Speisen und Getränken unter der Honsellbrücke)

DAS MAINUFER

Flussgefühl mit Skylineblick

Der Main ist die Lebensader der Stadt. Der Strom war jahrhundertelang Nahrungsquelle und Handelsweg. Seine Ufer boten Platz für Hafen- und Industrieanlagen. Sogar Hinrichtungsstätten gab es hier. Mittlerweile sind die einst wirtschaftlich genutzten Ufer des Mains zu Promenaden geworden. Sie bieten Raum für Sport, Spaß und Kulturevents. Zwischen Gerbermühle und Hafenpark bieten sich immer wieder neue Perspektiven auf das Stadtpanorama. Man entdeckt Dinge am Wegesrand wie das Ich-Denkmal, den Brickegickel oder die Äquatorialsonnenuhr. Von welchem Punkt aus hat man den besten Blick auf die Skyline? Das mag jeder nach dieser Rundtour für sich selbst entscheiden.

Johann Wolfgang von Goethe warf bekanntlich gern mal ein Auge auf die Frau des Hauses, wenn er irgendwo zu Gast war. In diesem Fall hatte es Marianne von Willemer dem alten Schwerenöter angetan, die junge Gattin des Bankiers Jakob von Willemer. Dieser hatte sich eine ehemalige Mühle auf halbem Weg nach Offenbach in eine private Residenz umbauen lassen. Man folgte der Idee Jean-Jaques Rousseaus, Sommerhäuser mit schönen Gärten vor den Mauern der Stadt anzusiedeln. Bereits im 14. Jahrhundert stand auf diesem idyllischen Fleckchen Erde ein Gutshof, der zu einer Getreidemühle umgebaut und später als Gerberei genutzt wurde – daher der Name ❶ **Gerbermühle.** Zwischen Goethe und der Gastgeberin entwickelte sich eine innige Beziehung, die zu regem Briefwechsel und weiteren Besuchen animierte. Der Ort, natürlich nur der Ort, inspirierte ihn zum Träumen und Dichten.

Blick auf das Schaumaintor, um 1815

Ginkgobäume vor der Gerbermühle

Da nimmt es nicht wunder, dass die Gerbermühle im Stadtteil Oberrad heute ein beliebtes Ausflugslokal ist. Hier starten wir. Ein Ginkgo-Trio auf der Wiese vor dem hellgelben Gebäude erinnert an Goethes berühmtes Gedicht „Ginkgo Biloba". Dieses hatte er, mit echten Blättern verziert, an Marianne adressiert. Von Goethe ist es nur ein kleiner Sprung zum Ich-Denkmal, das nach dem Entwurf von Hans Traxler eine Station der Komischen Kunst im Grüngürtel (siehe grüne Seite 151 Grüngürtel) markiert. Es besteht aus einem Steinsockel, auf dem sonst berühmte Personen der Zeitgeschichte stehen. Vorne steht „ICH" in goldenen Großbuchstaben, an der Rückseite lädt ein Treppchen zum Besteigen ein. Wir folgen der Einladung und werden selbst zum Denkmal. Innerlich gestärkt steigen wir wieder ab.

Dem Weg folgend, passieren wir ein weißes Event-Schiff und erreichen das 2 **Rudererdorf.** An diesem Wassersportzentrum treffen sich Freunde der klassischen Disziplin und Fans von Trendsportarten, die Großstadtfeeling vom Wasser aus bieten: Stand-up-Paddling, Waterbike oder Yoga auf dem Board. Wen das noch nicht genug entschleunigt, der setzt sich in einen der gemütlichen Biergärten mit Blick auf den Main. Überhaupt entfaltet sich hier auf den Mainwasen ein einzigartiges Frankfurter Flussgefühl. Alte Pappeln am Ufer geben den Blick auf den Osthafen frei. Der große Aurora-Sonnenstern auf den Hildebrandmühlen, die zu den ältesten Betrieben im Osthafen zählen, leuchtet als Symbol für die industrielle Tradition des Areals. Wir spazieren an den gemütlichen Schrebergärten unterhalb der Bundesstraße entlang. Von links blitzt hinter Bäumen der 140 Meter hohe Neue Henninger-Turm auf. Das 2018 fertiggestellte Wohnhochhaus zitiert die Form des alten Brauereiturms mit seinem charakteristischen Fässchen.

Die Pächter dieser Schrebergärten werden auch Holländer genannt, weil ihre Anlage schon mal unter Wasser stehen kann.

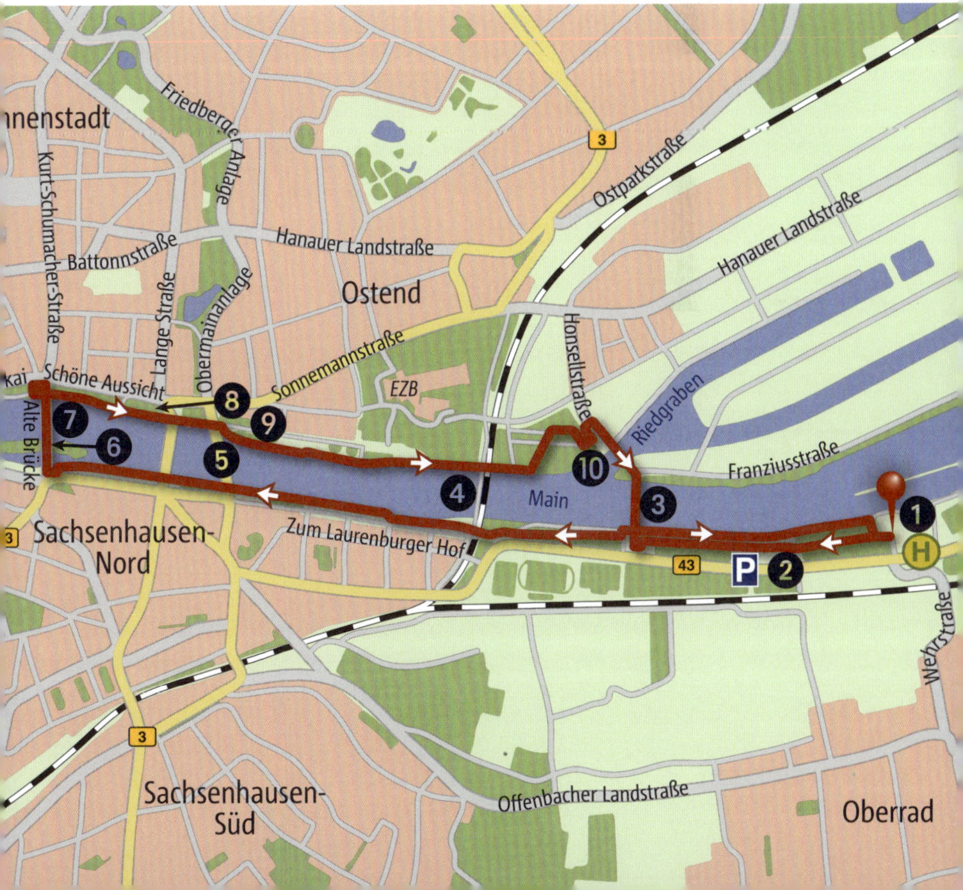

Blick auf Weseler Werft und Skyline

Wir wenden uns wieder dem Main zu und nähern uns einem ersten Skylineblick. Vor den Skytower, Sitz der Europäischen Zentralbank (EZB), und das Bankenviertel im Westen schiebt sich die ❸ **Osthafenbrücke.** Ihre schlanke Gestalt kaschiert das 2200 Tonnen schwere Gewicht. Sie ist die jüngste von 29 Bauwerken, über die man innerhalb Frankfurts den Main queren kann. Das Besondere ist ihre Stahlkonstruktion. Zwei Bögen überspannen auf einer Länge von 175 Metern den Main. Die Fahrbahn mit drei Spuren für Autos und Lastwagen hängt an Seilen. Zusätzlich gibt es jeweils Geh- und Radweg. Mit der Ansiedlung der EZB auf dem ehemaligen Großmarktareal wurde eine Verbindung vom Ostend nach Süden zur Autobahn am Kaiserleikreisel notwendig. Die alte Honsellbrücke mit ihren gedrungenen Rundbögen, die seit mehr als 100 Jahren die Einfahrt des Osthafens überspannt, bot sich zum doppelten Brückenschlag an. Als die neue Osthafenbrücke 2012 auf zwei schwimmenden Pontons geschoben und in ihre endgültige Position gedreht wurde, erlebte Frankfurt sein Brückenwunder.

Wir folgen dem **Mainwasenweg** im Schatten der Pappeln, passieren einen Spielplatz und erreichen die ❹ **Deutschherrenbrücke.** Sie ist 274 Meter lang und fast

Kanuten auf dem Main

Sonic Vista auf der Deutschherrenbrücke

10 Meter breit. Seit 1913 quert die Eisenbahn auf ihr den Main. Auch Fußgänger können die Brücke benutzen, und genau das wollen wir jetzt für ein besonderes Erlebnis tun. Über eine Treppe kommen wir auf den Steg. Bunte Graffiti an den mächtigen Stahlträgern leiten uns zum Mittelbogen, in den eine blaue und eine rote Kugel gespannt sind. Es sind Lautsprecher, die Geräusche der Umgebung wieder abgeben: vorbeidonnernde Züge, gurrende Tauben, Gesprächsfetzen von Passanten. Die Klangkünstler Bruce Odland und Sam Auinger wollen mit der Installation Sonic Vista unsere Wahrnehmung schärfen.

Mit der Sonic Vista die „klingende Aussicht" auf das grandiose Stadtpanorama genießen. Die Töne erinnern an ein Didgeridoo.

Im Westen ragen im silbrigen Halbglanz die Türme des Bankenviertels über dem Main hervor. Mächtig nah kommt uns der 185 Meter hohe Doppelturm der EZB, die seit 2014 ihren Hauptsitz im Ostend hat. Nach dem Konzept der Coop

Himmelb(l)au wurde im Stil des Dekonstruktivismus gebaut: Von Weitem hat man das Gefühl, dass die aneinanderlehnenden Türme eigentlich nicht stehen bleiben könnten. Am Fuß des Skytowers erstreckt sich die denkmalgeschützte Großmarkthalle von 1928. Sie trägt die Handschrift von Martin Elsaesser. Davor liegt ein ehemaliges Werftgelände mit Kränen und Waggons, das wir auf dem Rückweg besuchen.

Wir verlassen die Deutschherrenbrücke wieder auf der südlichen Mainseite und flanieren weiter unterhalb des Deutschherrenviertels, das in den 1990er-Jahren auf dem Gelände des ehemaligen Schlacht- und Viehhofs entstand. Höchstes Gebäude des Stadtquartiers ist das 88 Meter hohe Main Plaza. Mit seiner vorgesetzten dunkelroten Backsteinfassade und den goldenen Spitzen zitiert es Hochhäuser in den USA der 1920er-Jahre. Es beherbergt ein Hotel und Appartements. Als Pendant dazu bieten die Kuben des neuen Ostendviertels auf der nördlichen Mainseite ebenfalls Wohnen am Fluss an. Wir träumen vom Balkon mit Mainblick und flanieren durch eine Platanenallee mit dem für Frankfurt so typischen Flachschnitt der Kronen. Bänke laden zu einem Päuschen ein. Hier hat sich der Mainwasenweg zur Mainpromenade ausgewachsen.

Heute wählen Fotofreunde die Flößerbrücke gern für den Blick auf die Skyline – besonders bei Sonnenuntergang.

Als Nächstes unterqueren wir die 5 **Flößerbrücke,** ein grünes Ungetürm aus den 1980er-Jahren. Sie verband die dicht bebauten Viertel der Innenstadt mit Sachsenhausen und den östlich liegenden Industriegebieten. Die Brücke, die nur aus nördlicher Richtung befahren werden kann, überquert den Main schräg. Im Volksmund wird sie deshalb „das scheppe Ding" genannt. Sie ist die einzige von einem Pylon getragene Brücke in der Innenstadt. Kritiker fanden das mehr als 20 Meter hohe Stahlbetonteil, an dem Schrägseile verankert sind, damals zu dominant.

Im Unterschied zu ihr lässt die nächste nur die Fahrtrichtung Sachsenhausen zu. Die frühere Obermainbrücke wurde im Jahr 2000 nach dem Vorsitzenden des Zentralrats der

Alte Brücke mit Portikus und Skyline

Juden in Deutschland in Ignatz-Bubis-Brücke umbenannt. Ursprünglich wurde sie 1878 als fünfte Mainbrücke eingeweiht. Über sie verkehrte die Pferdebahn der Frankfurter Trambahn-Gesellschaft (siehe Route 12 Fechenheim, Seite 152). Bis heute queren hier neben Autos Straßenbahnen den Main, auch der touristische Ebbelwei-Express.

Schwan an der Alten Brücke

Und wieder ist unter einer Brücke schon die nächste in Sicht. Es ist die 6 **Alte Brücke,** die älteste Brücke der Stadt. 1222 erstmals urkundlich erwähnt, war sie bis 1848 die einzige steinerne Brücke am Untermain (siehe Route 5 Sachsenhausen, Seite 66). Viel früher gewiss müssen die Römer irgendwie den Fluss auf ihrem Weg vom Limes in Richtung Heimat überquert haben. Die Alte Brücke wurde abgerissen, ersetzt, im Krieg gesprengt, wieder aufgebaut. Sie befestigt eine etwa 300 Meter lange und nur 30 Meter schmale Maininsel, auf der Wasservögel brüten. Schwäne, Gänse und Enten verteidigen ihr Revier auf der Treppe zum Fluss und hinterlassen dort sichtbare Reviermarken. Nahe dem westlichen Brückenaufgang verbergen sich, hinter einer unauffälligen Stahltür, die Fischergewölbe. Sie dienten als Liegeplatz für Nachen, Materialien und Werkzeuge. Die Gewölbe waren durch Stichkanäle mit dem Main verbunden, sodass die Fischer direkt einfahren konnten.

Wir nehmen den östlichen Aufgang nach oben und sehen links ein schmales, rotes Gebäude auf der Maininsel. Der Portikus erinnert an die frühere Brückenmühle. Die Städelschule zeigt hier seit 2006 zeitgenössische Kunst. Seinen Namen nahm das Ausstellungshaus beim Umzug vom alten Standort an der Schönen Aussicht mit. Portikus bezeichnet die Säulenvorhalle der klassizistischen Stadtbibliothek (siehe Route 2 Der Anlagenring, Seite 24).

Weiter die Brücke passierend, begegnet uns in der Mitte ein Kreuz mit goldenem Hahn auf der Spitze. Es ist der 7 **Brickegickel.** Der Sage nach hatte der Teufel versprochen, beim Bau der Brücke zu helfen. Für seine Dienste verlangte er aber das erste Lebewesen, das über die Brücke ging. Der Baumeister narrte den Satan, indem er einen Hahn vor sich her trieb, als er die Brücke betrat. Vermutlich schickte der Teufel einen Fluch nach. Denn immer wieder musste der Brickegickel erneuert werden. Mal wurde er vom Sturm umgerissen und versank im Main, mal wurde er im Krieg abgeschossen, auch mal gestohlen. Der heutige ist aus Bronze und mit einer Schicht aus Gold überzogen. 2017 wurde er an seinem angestammten Platz wieder enthüllt – ebendort, wo das Fahrwasser am tiefsten ist. So zeigte der Hahn den Schiffern und Flößern die Fahrrinne unter dem engen Brückenbogen an. Diese Stelle wurde außerdem gezielt für Hinrichtungen ausgewählt. Verurteilte wurden mit Seilen verschnürt, auf eine Bohle geschoben und zum Ertrinken in den Main geschubst. So manchen ermahnte der Hahn zur Buße, das Kruzifix verhieß göttliche Gnade.

Äquatorialsonnenuhr

Weil wir gerade bei der Mystik sind: Am Ende der Alten Brücke steht die Kaiserstatue von Karl dem Großen, dem Stadtgründer. Der Sage nach soll Karl, auf der Flucht vor den Sachsen, an den Gestaden des Mains nicht weitergekommen sein. Auf sein Stoßgebet lichteten sich die Nebenschwaden und eine weiße Hirschkuh mit ihrem Jungen wies den Franken den Weg durch die Furt. Diese benannten sie folglich nach sich. Faktisch wurde Frankfurt im Jahr 794 erstmals urkundlich benannt, als Karl Kirchenvertreter zur Synode nach „Franconofurd" (siehe Route 1 Neue Altstadt und Römerberg, Seite 8) einlud. Die Statue zeigt den Kaiser mit vollem Bart und wallendem Haar unter der Krone. In einer Hand trägt er den Reichsapfel, die andere greift das Schwert. Ein Mantel umweht seine Gestalt, der Blick schweift in die Ferne.

Kaiserstatue „Karl der Große"

Wir verlassen die Alte Brücke, steigen wieder zum Main hinab und treten „hibb de Bach" den Rückweg an. Unterhalb der Straße **Schöne Aussicht** beginnt die Fischerfeldwerft. Hier wurden Schiffe be- und entladen. Landschaftsfenster laden zum Spiel mit dem Schauen ein. Wo die Grünfläche breiter wird, macht uns die **8 Äquatorialsonnenuhr** neugierig. Auf einem Weltzeitring sind 200 Städte rund um den Erdball angegeben. Frankfurt fehlte ursprünglich, wie peinlich, die Markierung wurde nachgeholt. Die überwiegend aus Kupfer bestehende Sonnenuhr war bei der Einweihung 1951 die weltweit größte ihrer Art. Bei einem Durchmesser von 3,6 Metern wiegt sie etwa 1000 Kilogramm.

Wir tauchen unter der Ignatz-Bubis-Brücke und der Flößerbrücke hindurch. Dort bietet das Eidechsenbiotop Oskar selten gewordenen Zaun- und Mauereidechsen Unterschlupf. An warmen Tagen kann man sie beim Sonnenbaden beobachten. Wir erreichen die **9 Weseler Werft,** benannt nach der Hansestadt am Niederrhein, mit der

Skytower

Frankfurt Handel betrieb. Einst erstreckte sich hier ein feuchtes Wiesenland, das Fischerfeld. An seinem flachen Ufer konnten die Flöße aus dem Spessart gut anlanden. Holz wurde aufgestapelt. Im 19. Jahrhundert entstanden die ersten Industriebetriebe. Die englische Imperial Continental Gas Association erzeugte Gas aus Kohle. Damit wurden mehr als 670 Straßenlaternen sowie Privathaushalte beleuchtet. Außerdem stand hier ein Sägewerk. Nach dem Bau des Osthafens veränderte die Weseler Werft ihr Gesicht. Transport- und Hebeeinrichtungen dominierten das Ufer. Ein Dampfkran erinnert an die Zeit, als Sand, Kies und Splitt umgeschlagen wurden.

Honsellbrücke

Heute ist die Werft ein urbaner Freizeitort, der Bezug auf die Vergangenheit nimmt. Alte Pflastersteine und Mauern verbinden sich mit neuem Grün. Der ehemalige Hochkai dient als Aussichtsbastion mit Restaurant. Ein sanierter Verladekran dient als Basis für eine zweistöckige Restaurantterrasse, die bei Sonnenuntergang einen besonderen Skylineblick bietet. Unterhalb davon begleitet eine Platanenallee die Schienen der Hafenbahn. Ein grüner Kohlenwagen und ein knallgelber Bananenwaggon aus Bremen sind hier zur Ruhe gekommen. Diesen Teil nennt man Ruhrorter Werft. Im Juli und August wird das Gelände vom internationalen Theaterfestival am Fluss Sommerwerft belebt. Im 41. Stock des Skytowers tagt der Rat der Europäischen Zentralbank.

Wir passieren die Liegebänke unterhalb der Deutschherrenbrücke und gewinnen neue Perspektiven auf den Skytower der EZB. Die hohen Halme der Installation Flusswind, eine Station der Klimaroute des Regionalparks RheinMain, ergeben mit Bankgebäude und Brückenbögen ein schönes Fotomotiv. Unterhalb des Towers sehen wir noch einmal aus der Nähe die erhaltenen Elemente der Großmarkthalle von 1928. Die ehemalige „Gemieskerch" beherbergt heute eine Gedenkstätte für mehr als 10.000 Opfer der NS-Zeit. In ihren Kellern wurden von 1941 bis 1945 jüdische Bürger gesperrt, die in Viehwaggons in Konzentrationslager deportiert wurden.

Hafenpark

Wir gehen weiter und erreichen den ⑩ **Hafenpark** – Frankfurts „Place to be" im Ostend. Mit urbanem Charme zieht die mehr als 5 Hektar große Anlage mit zahlreichen Plätzen und Parcours Sportbegeisterte jeden Alters an. In riesigen Käfigen kann man Fuß-, Volley- und Basketball spielen oder einfach den trainierten Sixpack zeigen. Kleine Kinder toben auf korbartigen Klettergeräten, Trampolinen und Himmelsschaukeln. Hauptattraktion ist der Skatepark „Concrete Jungle", in dem Könner auf einer bunt besprühten Betonlandschaft akrobatische Stunts vorführen. Auch Zuschauen macht Spaß. Denn hier zeigt die Mainuferpromenade wieder eine völlig neue Facette des Frankfurter Flussgefühls. Wir steuern die Honsellbrücke an, in deren Katakomben der Kunstverein Familie Montez Arbeiten von Künstlern der Region zeigt. Auch das Musikprojekt Jazz Montez hat hier seinen Heimathafen. Der Name erinnert an die irische Tänzerin und Geliebte des Bayernkönigs Ludwig I., Lola Montez. Vor den weißen Bögen steigen wir, an den steinernen Löwenfiguren vorbei, nach oben und überqueren im „doppelten Brückenschlag" den Main. En passant sehen wir links die Becken des mehr als 100 Jahre alten Osthafens mit Kaianlagen. Als Containerumschlagplatz ist er noch immer ein wichtiger Knotenpunkt für die europäischen Wasser- und Fernstraßen. Rechts von uns bieten sich wieder neue Perspektiven auf die Skyline. Unterhalb der Osthafenbrücke haben uns die Mainwasen wieder. Auf bekanntem Pfad spazieren wir zur Gerbermühle zurück.

WARUM HAT FRANKFURT EINE SKYLINE?

Frankfurt war schon immer eine kompakte Großstadt auf kleiner Fläche. Hier lässt es sich gut leben, aber Grund und Boden sind teuer. Deshalb wird prinzipiell dicht gebaut. Noch bis Anfang der 1960er war der Dom das höchste Gebäude der Stadt. Dann beförderten politische Ereignisse den Aufstieg der Hochhausstadt. Im geteilten Deutschland strömte der Finanzsektor nach Frankfurt, boomte und strebte nach Modernität. 1972 durchbrachen die ersten Gebäude die 100-Meter-Grenze. Weitere folgten im Übereifer und brachten der Stadt Schimpfnamen wie „Bankfurt, Krankfurt“ ein. Das Streben, Bundeshauptstadt zu werden, trug zur Skyline bei. Viele Hochhäuser waren für Ministerien vorgesehen. Der Hauptsitz des Hessischen Rundfunks etwa war als Parlamentsgebäude für den Bundestag geplant. Dann fiel die Wahl auf Bonn.

Seit den 1990er-Jahren baute man architektonisch anspruchsvollere Türme und die Skyline entwickelte sich zum Wahrzeichen. „Mainhattan“ ist die Stadt mit den meisten und höchsten Wolkenkratzern in Deutschland. Mit 259 Metern ist der Commerzbank Tower derzeit Spitzenreiter. Ein Ende ist noch nicht in Sicht, wobei der Trend weg von reinen Büroräumen und hin zum vertikalen Wohnen geht. Ab 22 Metern Höhe gilt ein Gebäude übrigens als Hochhaus. Wolkenkratzer sind mindestens 100 Meter hoch.

5

Start/Ziel: Eiserner Steg, Schaumainkai 5, 60594 Frankfurt am Main
Länge: ca. 2 Kilometer
Dauer: ca. 1,5Stunden
ÖPNV: Haltestelle Schweizer Platz oder Eiserner Steg
Parken: Parkhaus Alt-Sachsenhausen, Walter-Kolb-Straße, 60594 Frankfurt am Main

UNTERWEGS ENTDECKT

1. Dreikönigskirche
2. Ältestes Fachwerkhaus
3. Deutschordenshaus
4. Brückenviertel
5. Affentorplatz
6. Krankenhaus
7. Metzlerpark

ESSEN + TRINKEN

main Terrasse, Schaumainkai 5, 60594 Frankfurt,
Tel. (01 60) 90 66 29 45, main-terrasse.com
(Biergarten mit Skylineblick, regionale und internationale Tapas)

Lobster, Wallstraße 21, 60594 Frankfurt am Main,
Tel. (0 69) 61 29 20, obster-weinbistrot.de
(alteingesessenes Bistro, gehobene mediterrane Küche zum Wein)

Eiscafé Bizziice, Wallstraße 26, 60594 Frankfurt am Main,
Tel. (0 69) 94 94 25 50, bizzi-ice.com
(preisgekrönte, nachhaltig hergestellte Kreationen aus Biomilch)

SACHSENHAUSEN

Shopping im Brückenviertel

Sachsenhausen, „dribb de Bach“, gehört seit anno Tobak zu Frankfurt. Auf der anderen Mainseite residierte der Deutschherrenorden, überstand Frankfurts ältestes Fachwerkhaus die Zeiten, steht die zweithöchste Kirche nach dem Dom. Heute leben hier mehr als 60.000 Menschen, denen immer wieder Neues einfällt. Das Brückenviertel lädt zur Shoppingtour durch bunte, kreative Läden ein. In den Modeboutiquen verbummeln Freundinnen gern ihre Samstage. Retro-Fans stöbern durch Vinyl- und Comicläden und landen beim Whisky-Tasting. Danach kann man am Museumsufer chillen. Oder in Alt-Sachsenhausen Apfelwein verkosten.

Wir starten am Eisernen Steg (siehe Route 1 Neue Altstadt und Römerberg, Seite 8). Unten glitzert der Main, die Bootshäuser schaukeln träge auf den Flusswellen und auf der Promenade räkeln sich die Städter in der Sonne, wenn sie nicht gerade joggen. Im Mittelalter hätten wir wohl eher Händler beobachtet, die Waren über den Main transportieren und gerade ihr Wegegeld zahlen. Denn die Alte Brücke, die nächste östlich vom Steg, verbindet seit alters her Frankfurt mit Sachsenhausen. Wer über den Fluss wollte, muss-

Chillen am Eisernen Steg

Frankfurts ältestes Fachwerkhaus

te ihn hier überqueren. Die nächste Brücke gab es erst in Würzburg. Auf der Alten Brücke stand einst Frankfurts größte Mühle, weshalb man die Sachsenhäuser Uferseite auch „Müllermain" nannte. Diese Brückenmühle fing 1414 Feuer und die Brunst griff auf die mit Stroh und Schindeln gedeckten Häuser zwischen Main und Dreikönigskirche über. Das Viertel, durch das wir nun spazieren, lag in Asche.

Wir queren den **Schaumainkai** und tauchen in die **Färberstraße** ein, die links vom Ufer einen kleinen Bogen beschreibt. Ein bitter-süßlicher Verwesungsgeruch muss hier durch die Gassen gezogen sein. Die Namen Färber- und Löherstraße erinnern an die Zeit, als Häute in Lohe getränkt wurden. Dazwischen steht auf einem betonierten Platz die 1 **Dreikönigskirche.** Für deren neogotischen Neubau von 1880 hatte man eine ganze Häuserzeile der Handwerker abgerissen. Die Kirche sollte sich mächtiger über die Dächer erheben als ihre Vorgängerin und erreichte fortan mit etwa 80 Metern Höhe den zweiten Platz nach dem Dom. Die Heiligen Drei Könige, die uns auf einer Sandsteinsäule begrüßen, waren Schutzpatrone der Reisenden und Pilger.

Wo die Dreikönigsstraße auf die mehrspurige Walter-Kolb-Straße trifft, versteckt sich rechts um die Ecke zwischen Wohngebäuden ein unscheinbares 2 **Fachwerkhäuschen.** Es trägt die Adresse Schellgasse 8. Es hat wenig Sinn, hier nach einer Gasse zu suchen, denn von ihr ist nur dieses eine Haus übrig geblieben. Bereits Ende des 13. Jahrhunderts stand es hier, als es die stark befahrene Straße noch lange nicht gab. Heute ist es das älteste Fachwerkhaus der Stadt. Die Balken stammen von 1292. So sahen die Häuser aus, die sich im frühen Frankfurt um Kirchen und Klöster drängten. In den 1950er-Jahren soll dort eine Wahrsagerin ihre Dienste angeboten haben. Heute kann man dort Apfelwein verkosten.

In der Dreikönigskirche das „Geheimnisfenster" und das „Glücksfenster" das Malers Charles Crodel suchen. Spielen da Kinder in der Kirche Fußball?

Auf der anderen Straßenseite, zum Main hin, steht das 3 **Deutschordenshaus** mit seinem barocken Portal. Der aus den Kreuzzügen entstandene Orden ist hier seit Anfang des 13. Jahrhunderts ansässig. Nachdem der Kaiser ihm ein Hospital mit Kirche übereignet hatte,

Deutschordenshaus

entwickelte er sich im Mittelalter zum reichsten Grundeigentümer der Stadt. Die Sandsteinmadonna an der Ecke des Gebäudes zum Main weist auf die schöne Marienkirche hin. Sie ist die einzige Kirche, die nicht der Stadt gehört. Zur Weihnachtszeit wird hier Frankfurts größte Krippe mit 40 Quadratmeter Moos und 160 Figuren aufgebaut. Das Deutschordenshaus beherbergt das Ikonenmuseum mit mehr als 1000 Andachtsbildern, Skulpturen, Kreuzen und äthiopischen Zauberrollen.

Wir überqueren die Walter-Kolb-Straße für einen ausgiebigen Bummel durch Sachsenhausens hippes Quartier: das 4 **Brückenviertel.** Hauptmeile ist die **Brückenstraße,** die früher einmal vom Südbahnhof schnurstracks zur Alten Brücke führte. Hier und in den Nebenstraßen kauften die Sachsenhäuser alle Dinge des täglichen Bedarfs. Dies verlagerte sich in die Schweizer Straße. Im Brückenviertel gibt es nur noch wenige alteingesessene Läden. Vor allem locken die kreativen Mode- und Handwerkateliers mit innovativen Trends und Charme.

Shopping im Brückenviertel

Mode der 1950er und 1960er, alte Vinylplatten, Comic-Raritäten, Buch-Schätze und Retro-Radios – hier ist Stöbern angesagt. Mode für große Frauen, Fetische für Männer – hier gibt es Ausgefallenes. Der Dinosaurier unter den Läden ist eine Krimi-Buchhandlung, die als erste auf dem europäischen Kontinent gegründet wurde. Mit einer großen Vielfalt an Kulinarik ist das Brückenviertel außerdem eine Genusswelt. Vom Kaviar bis zum Pastéis de Nata – alles da.

Im Brückenviertel zeigt Frankfurt, dass die Finanzmetropole nicht immer nur Businesslook trägt.

Zum gewissen Etwas trägt ein Mix an Architektur bei. An der Ecke zur **Schulstraße** fällt uns ein verzierter Neorenaissancebau mit Eckerker ins Auge. Gegenüber, verborgen hinter Hausnummer 1 der Schulstraße, erstaunt uns Hinterhofromantik mit Industriearchitektur. In einer alten Waschhalle der 1960er-Jahre ist Kunst einzogen. Wir überqueren nun die **Brückenstraße** und biegen in die **Wallstraße** ein.

Straßenkreuzung im Brückenviertel

5 SACHSENHAUSEN

Hier gibt es zwischen den Lokalen vieles zu kaufen, das typisch und traditionell für Sachsenhausen ist: Bembel etwa, von der Miniausgabe bis zum Zwölfliterkrug. Im weiten Universum des Frankfurter Nationalgetränks lässt sich Gold im Gerippten verkosten, ob regional, sortenrein oder mit Perl. In der **Kleinen Brückenstraße,** die wir über das **Abtsgäßchen** erreichen, sehen wir, was im schlimmsten Fall dabei herauskommen kann. Die derb-witzigen Reliefs in den Mauernischen einer Wirtschaft erzählen die ganze Geschichte, von der Ernte bis zum Delirium.

Wen das schon tagsüber zu einer Schnuppertour inspiriert: Das urige Apfelweinviertel Alt-Sachsenhausen ist nicht weit. Dazu geht man zunächst zur Wallstraße zurück und diese ganz durch bis zum 5 **Affentorplatz.** Bevor die Stadtbefestigung geschleift wurde (siehe Route 2 Der Anlagenring, Seite 24), stand hier das wichtigste Eingangstor von Süden her. Dass der Name Affentor vom „Ave Maria" kommt, das man Reisenden mit auf den Weg gab, ist eine von mehreren Erklärungen. Um 1810 wurden zwei neue Zoll-

Schaufenster in der Brückenstraße

Apfelweinwirtschaft

Frau Rauscher

häuser im klassizistischen Stil erbaut. Heute betreut der Caritasverband darin Bedürftige. Am Affentorplatz steht der Zunftbrunnen, auf dessen Sockel Bäcker, Metzger, Bierbrauer, Schuster und Töpfer mit jeweils typischen Symbolen an das ehemalige Handwerkerviertel erinnern.

Zum Kneipenviertel geht man vom Affentorplatz aus die verlängerte **Elisabethenstraße** ein Stück Richtung Main und biegt rechts in die **Kleine Rittergasse** ab. Immer dem goldenen Apfel im Kopfsteinpflaster nach, kommt man in die Klappergass' mit ihrer berühmten Bewohnerin „Fraa Rauscher". Rauscher bezeichnet den noch gärenden Apfelwein. Aber Vorsicht, die Dame aus dem Fastnachtslied mit der mysteriösen „Beul am Ei" spuckt im Sommer gern Passanten an. Überhaupt plätschern in den verwinkelten Gassen überall Brunnen, die jährlich zu einem Fest im Mittelpunkt stehen. Gefeiert wird in Alt-Sachsenhausen eigentlich immer. Wirte und Unternehmer engagieren sich für mehr Attraktivität. Über **Dreieichstraße** und **Neuen Wall** kommt man zum Affentorplatz zurück.

Ohne Äppelwoi-Abstecher spazieren wir von der Kleinen Brückenstraße, vorbei am sogenannten kleinsten Off-Broadway-Theater der Welt, zur eigentlichen Brückenstraße zurück, biegen links ab und landen auf einem Spielplatz. Die Straßenschilder machen uns etwas ratlos, denn die Hauptader des Brückenviertels verläuft hier als Spielstraße quer durch einen Mini-Park. Erst im nächsten Abschnitt bis zum Südbahnhof ist sie für den Motorverkehr wieder befahrbar. Kurz vor dem Ausgang zur Gutzkowstraße stehen verwitterte Grabsteine. Tatsächlich lag hier bis 1868 der Alte Friedhof.

Vom Spielplatz aus folgen wir der **Schifferstraße,** überqueren die Walter-Kolb-Straße und nehmen Kurs auf den Main. Auf der rechten Seite kommen wir am **6 Krankenhaus Sachsenhausen** vorbei, das gern „Schifferkrankenhaus" genannt wird. 1895 gründeten die Ärzte Dr. Carl

Plausch in der Brückenstraße

Museum für Weltkulturen

von Noorden und Dr. Eduard Lampé hier Europas erste Diabetesklinik. In der Vor-Insulin-Ära waren die Haferkuren für Zuckerkranke die einzige Behandlungschance – eine Revolution. Das Gebäude ist auch bautechnisch besonders. Eyecatcher der neoklassizistischen Fassade mit Säulen und Giebeln ist eine Figurengruppe à la Michelangelo über dem Hauptportal.

Am Ende der Schifferstraße sind wir wieder am **Schaumainkai** angelangt, der international als Museumsufer bekannt ist. Zwischen Eisernem Steg und Friedensbrücke reihen sich hochkarätige Ausstellungshäuser wie Perlen an der Schnur: Deutsches Filminstitut & Filmmuseum, Deutsches Architekturmuseum, Museum für Kommunikation, Städel und Liebighaus sind Publikumsmagneten. Museumsuferfest und Nacht der Museen bieten jährlich

Metzlerpark mit Villa Metzler

Skulptur im Metzlerpark

geballten Genuss. 1978 rief der damalige Kulturdezernent Hilmar Hoffmann die Devise „Kultur für alle“ aus.

Als Appetitanreger für Museumsbesuche spazieren wir zum Abschluss noch durch den 7 **Metzlerpark.** Der beliebte Rückzugsort inmitten schneeweißer Ästhetik verbindet das moderne Museum Angewandte Kunst mit der alten Villa Metzler und dem Museum für Weltkulturen. Der Architekt Richard Meier setzte in den 1980er-Jahren den Stil der „New York Five“ in Tradition des frühen Le Corbusier um. Die Achsen des Parks sind klar strukturiert, Brunnen markieren die Wegekreuze, halbkreisförmig angeordnete Mauern laden zum Ausruhen ein. Beim Chillen hängt unser Blick an den alten Bäumen. Ausgeruht gelangen wir, den Schaumainkai überquerend, zum Eisernen Steg zurück.

Die Bepflanzung des Metzlerparks geht auf den Apotheker Peter Salzwedel zurück, der das Grundstück 1800 exotisch bepflanzen ließ.

WAHRZEICHEN IM STADTWALD: DER GOETHETURM

Der Wiederaufbau des 43 Meter hohen Goetheturms im Stadtwald war eine Herzensangelegenheit. Endlich kann man seine 196 Stufen wieder hochsteigen. Von Stockwerk zu Stockwerk wird die Aussicht immer schöner. Der 1931 gezimmerte Turm war seinerzeit der höchste seiner Art in Deutschland. Viele Frankfurter verbinden persönliche Erinnerungen mit ihm. Fast jeder war als Kind oben, um über die Baumwipfel hinweg bis zum Taunus zu staunen. Unterhalb liegt ein Waldspielplatz mit Ausflugslokal.

Es versetzte vielen einen Schock, als der Goetheturm im Oktober 2017 nachts wie eine Fackel brannte. Im selben Jahr wurden gleich mehrere Holzbauwerke in Brand gesteckt. Die Frankfurter folgten dem Slogan: „Uffbaue!“ und setzten sich für den Wiederaufbau des Wahrzeichens ein. Spezialfirmen gingen ans Werk. Der neue unterscheidet sich kaum vom alten, ist aber aus spanischer Kastanie, Schwarzwälder Eiche und Stahl haltbarer gebaut. Ein Kupferdach sitzt obendrauf. Netze, Zaun und Kameras dienen dem besonderen Schutz. Anfahrt: Lokalbahnhof, Buslinie 48. Der Goetheturm liegt am Grüngürtelradweg.

6

Start: Eschenheimer Turm, Eschenheimer Tor, 60322 Frankfurt am Main
Ziel: Hauptfriedhof, Eckenheimer Landstraße 194, 60320 Frankfurt am Main
Länge: ca. 3 Kilometer
Dauer: ca. 1,5 Stunden
ÖPNV: Haltestelle Eschenheimer Tor; Rückkehr zum Ausgangspunkt ab Haltestelle Dt. Nationalbibliothek oder Hauptfriedhof
Parken: Parkhaus MyZeil, Große Eschenheimer Straße 10, 60313 Frankfurt am Main

UNTERWEGS ENTDECKT

1. Eschenheimer Turm
2. Tudor-Haus
3. Metropolis
4. Holzhausenpark und Schlösschen
5. Reihenvilla Ernst May
6. Kastanienallee
7. Jugendstilhäuser
8. Deutsche Nationalbibliothek
9. Hauptfriedhof

ESSEN + TRINKEN

Im Oeder Weg gibt es zahlreiche Restaurants und Cafés.

Aroma Vegetarian & More, Oeder Weg 80, 60318 Frankfurt am Main
(leckere Falafel an einem Backsteinkiosk mit Außenplätzen)
Super Bro's, Oeder Weg 55–57, 60318 Frankfurt am Main,
Tel. (0 69) 26 49 75 80, super-bros.de
(authentisch neapolitanische Pizza aus der Glut, loftartig eingerichtet)

NORDEND HOLZHAUSENVIERTEL

Schöner wohnen am Wasserschloss

Das dicht bebaute Nordend zählt zu den In-Vierteln der Stadt. Etwa 55.000 Einwohner wissen das Ambiente zu schätzen: Plätze, Geschäfte, Cafés, Kinos, um die Ecke wieder idyllische Ruhe. Und diese prachtvollen, alten Häuser! Ob Klassizismus, Historismus oder Jugendstil – was hier gebaut wurde, zeigt den Glanz der Gründerzeit. Dabei standen hier zunächst nur ein paar Gutshöfe mit Äckern und Wiesen drum herum. Später richteten reiche Patrizierfamilien ihre Sommersitze in der „Oed" ein. So setzt das Holzhausenviertel mit Wasserschlösschen und Weiher dem vornehmen Ganzen noch die Krone auf. Wir starten unsere Tour durchs westliche Nordend am Eschenheimer Turm und beenden sie am Hauptfriedhof.

Was sind schon 47 Meter Höhe in einer Stadt der Wolkenkratzer? Im späten Mittelalter überragte der ❶ **Eschenheimer Turm** Dächer und Mauern. Damals war er ein repräsentatives Stadttor zur Freien Reichsstadt. Mit steiler Spitze, vier kleinen Türmchen und Wehrgang ringsherum wirkt der runde Turm von 1428 noch immer mächtig. Vom quadratischen Sockel bis ganz oben stapelt er acht Voll- und zwei Dachgeschosse in sich auf. Man munkelt, der Adolfsturm im 30 Kilometer entfernten Friedberg stand Modell. Die Kopie der Kopie: Der Flatowturm im Schlosspark Babelsberg in Potsdam kommt wiederum ganz nach dem Frankfurter. In jedem Fall ist das älteste erhaltene Bauwerk in einer reichlich im Krieg zerstörten Innenstadt verblüffend in Schuss geblieben. Heute verteidigt der Turm seine stolze Macht inmitten eines Spinnennetzes von Straßen, auf einem vom Verkehr umtosten Platz namens Eschenheimer Tor.

Seine Sphäre bot gern mal eine Bühne für Skandale, die weit über die Stadtgrenzen hinaus Aufsehen erregten. Ein berühmt-berüchtigter Ort ist das Haus an der Ecke Stiftstraße östlich des Turms mit der gelben Leuchtreklame für die Detektei im ❷ **Tudor-Haus.** Dort wurde am 1. November 1957 die stadtbekannte Edelprostituierte Rosemarie Ni-

Eschenheimer Turm

tribitt in ihrer Wohnung mit einer Platzwunde am Kopf und Würgemalen am Hals tot aufgefunden. Der brutale Mord an der geschäftstüchtigen Dame, deren Markenzeichen ein schwarzes Mercedes-Cabriolet und ein kleiner Pudel waren, ist bis heute ungeklärt. Doch die Geschichte von Sünde, Sex und Doppelmoral hat nichts von ihrer Faszination verloren. Der Skandal um Rosi wurde mehrfach verfilmt und wird bei Gelegenheit immer wieder aufgerollt (siehe Route 3 Die Kaiserstraße, Seite 40).

Mit Skandalen konnte auch das von der Studentenbewegung geprägte Theater am Turm (TAT) aufwarten, das sich seit Mitte der 1960er-Jahre im altehrwürdigen Volksbildungsheim, heute besser bekannt als ❸ **Metropolis,** nördlich des Turms befand. Das TAT machte mit Inszenierungen von Claus Peymann bis Rosa von Praunheim von sich reden. Regisseur Rainer Werner Fassbinder, als Bürgerschreck geliebt und gehasst, war 1974 acht Monate lang Mit-Intendant am TAT. Sein Stück „Der Müll, die Stadt und der Tod" löste eine bundesweite Debatte über die Freiheit der Kunst und Antisemitismus aus. Die Jüdische Gemeinde empfand das Stück als Beleidigung für die in Frankfurt lebenden Juden. Proteste verhinderten die Uraufführung am Kammerspiel. Mitte der 1990er gingen im Theater mit dem legendären TAT-Café die Lichter aus. Es zog ins Bockenheimer Depot um. Das Metropolis ist mit Multiplexkino

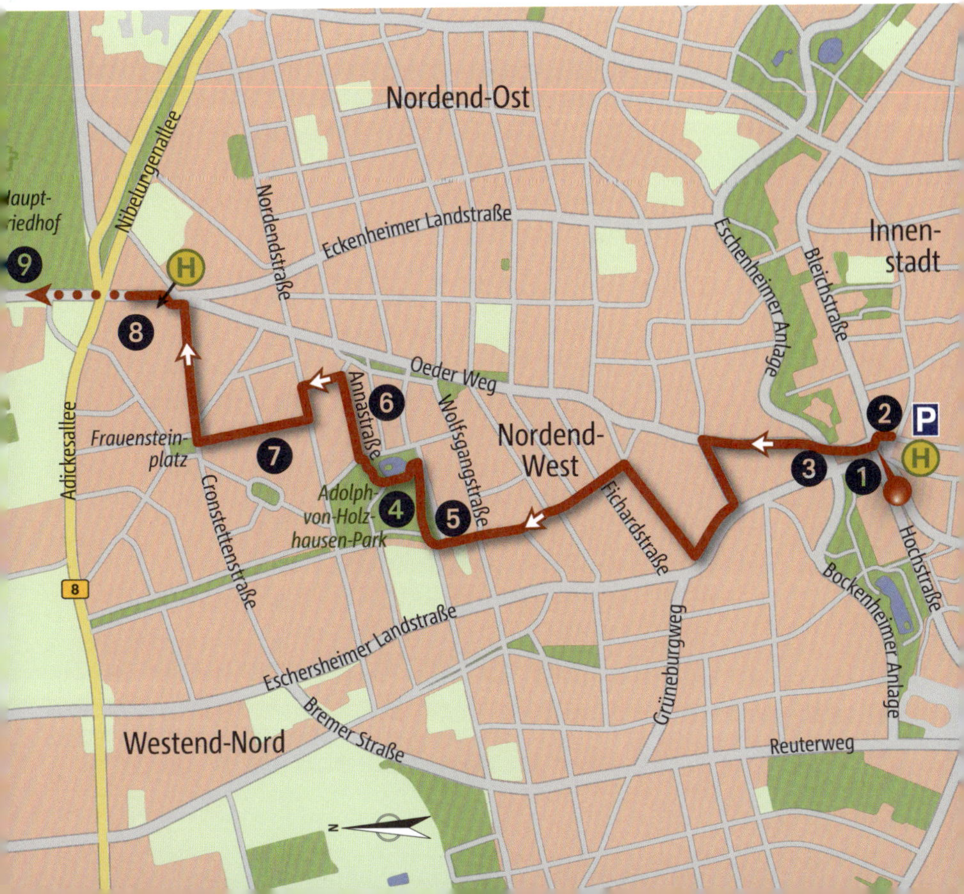

Tudor-Haus

und Tanzschule ein Haus der großen Säle geblieben.

Bevor wir ins westliche Nordend eintauchen, schwenken wir den Platz zur Orientierung ab. Nach Westen hin schlängelt sich die Bockenheimer Anlage, nach Osten die Eschenheimer Anlage davon. Beide zählen zum Anlagenring (siehe Route 2 Der Anlagenring, Seite 24). Hoch- und Bleichstraße ziehen eine weitere Verkehrslinie von West nach Ost. Hinter dem Turm, nach Süden, führt die Große Eschenheimer Straße zur Innenstadt. An ihrer östlichen Seite fällt das massive achtgeschossige Bayer-Haus von 1952 mit auskragendem Flachdach auf. Der Chemiekonzern präsentierte sich damit selbstbewusst in der Heimatstadt des Konkurrenten Farbwerke Hoechst AG. Das denkmalgeschützte Bayer-Haus beherbergt ein Luxushotel mit Restaurant und exklusiver Dachterrasse für den Mainhattan-Blick.

Wir nehmen Kurs auf den **Oeder Weg,** der rechts vom Volksbildungsheim beginnt. Die charmante, lifestylige Geschäftsstraße animiert zum Bummeln. Wir schnuppern schon mal, biegen aber links in die **Querstraße** und dann rechts in die **Eschersheimer Landstraße** ab. Sie ist eine der wichtigsten Ein- und Ausfallstraßen Frankfurts. Nach 6 Kilometern erreicht sie den namensgebenden Stadtteil Eschersheim. Entlang dieser Ader dehnte sich die Stadt nach dem Fall der Stadtmauern von 1806 an aus. So entstand zwischen der Kernstadt und dem Dorf Bornheim, von Anfang an als Wohnviertel geplant, das Nordend. Um 1830 herum war es zunächst noch dünn besiedelt, vor dem Eschenheimer Tor lebten nur 70 Menschen. Unter-, Ober- und Mittelweg sowie die Querstraße ordneten das Viertel in eine zunächst grobe Struktur. Namen wie Stalburg- und Neuhofstraße er-

Etwa 40.000 Autos passieren das Eschenheimer Tor pro Tag.

innern an Gutshöfe inmitten der Äcker und Wiesen vor den Mauern der Stadt.

Wir flüchten vor dem tosenden Verkehr rechts in die **Finkenhofstraße,** wo es sofort ruhiger wird. Auf der linken Seite stehen einige der ältesten Häuser des Viertels, manche tragen Jahreszahlen um 1850. Noch sind die Fassaden schlicht. Die Grundstücke sind weiträumig überbaut, die Häuser mit schmalen Gärten umsäumt. Die Nummer 17 zeigt schon einen späteren Stil. Der spätklassizistische Bau mit verwinkeltem begrüntem Hinterhofgarten beherbergt eine elegante Eventlocation: das Logenhaus. Hier treffen sich nicht nur Freimaurer, hier frönt man bei Cocktails der Salonkultur der Goldenen Zwanziger. Wir verlassen die Finkenhofstraße und biegen links in den **Bornwiesenweg** ein. An der übernächsten Ecke werfen wir einen Blick in die **Sömmeringstraße,** wo frühe Industriegeschichte geschrieben wurde. Die Farbwerke Cassella starteten dort in gemieteten Fabrikräumen die Produktion (siehe Route 12 Fechenheim, Seite 152). Wir folgen weiter dem Bornwiesenweg mit seinen kleinen Läden und mediterranen Lokalen, queren Baustraße und Lersnerstraße. Die Architektur bildet die Entwicklung des Nordends ab. Die Häuser wurden zunehmend höher, meist vierstöckig gebaut, die Fassaden

Metropolis

Finkenhofstraße

aufwendiger und schmuckvoller gestaltet. Ab der Kreuzung Wolfsgangstraße, die an eine ehemalige Kapelle des gleichnamigen Heiligen erinnert, wird es so richtig großbürgerlich. Spätestens hier beginnt das ab 1910 errichtete Holzhausenviertel, das Namen und Handschrift der bedeutendsten Frankfurter Patrizierfamilie trägt.

Ursprünglich stammte das Geschlecht aus Burgholzhausen im Taunus. Als das Nordend noch ländlich war, errichtete die Familie Mitte des 13. Jahrhunderts eine Wasserburg auf der weit vor der freien Reichsstadt gelegenen Heide. Das Gebiet wurde fortan als Holzhausen Oed bezeichnet, wovon der Oeder Weg seinen Namen hat. Die Holzhausens betrieben erfolgreich europäischen Fernhandel und Immobiliengeschäfte. Sie waren im Rat der Stadt sehr angesehen und gingen als gewiefte Bürgermeister und gute Diplomaten in die Annalen ein. Hamman- oder Justinianstraße tragen die Vornamen jener Holzhausens im Schild, die sich um die Stadt besonders verdient gemacht haben.

Über die **Hammanstraße** gelangen wir zum Herzstück des Villenviertels, dem 4 **Holzhausenpark.** Er nimmt den Rest des einst achtmal so großen Anwesens ein. Der Park ist immer belebt. Mit altem Baumbestand, Picknickwiesen und Wasserspielplatz ist er bei Familien sehr beliebt. Kurz vor dem Parkeingang fällt uns an der Ecke Fürstenbergerstraße noch ein Gebäude auf. Der Wohnungsbaureformer Ernst May hat hier mit seinem Partner Clemens Musch bereits 1913 eine 5 **Reihenvilla** erbaut, die dem modernen Stil des Neuen Frankfurt noch wenig ähnlich sieht. Im Kontrast dazu gibt das Haus mit maroder Fassade an der Straßenecke gegenüber ein Bild des Verfalls ab. Viele Häuser werden vererbt und nie verkauft – nicht nur zum Kummer der Makler.

Wir betreten den Park von seinem südlichen Eingang an der Fürstenbergerstraße und halten uns rechts. Gleich hören wir sie auch schon rauschen, die Fontäne im Wassergraben, und sehen es schneeweiß leuchten, das barocke Herrenhaus, 1729 auf den Fundamenten der Wasserburg erbaut. Wie auf einer Insel steht es dort. Es diente der Familie als Sommersitz und machte ordentlich Schau. Das Ende der Dynastie war in den 1920er-Jahren beschieden. Mit Adolph von Holzhausen starb der Frankfurter Zweig der Familie aus. Der letzte Nachfahr trat Schloss und Park an die Stadt ab – inklusive der Verfügung, dass rundherum keine Läden, Lokale und Hotels betrieben werden dürfen. Adolph

Tor zum Oeder Weg

mochte keinen Lärm. Da eine sogenannte Servitut auf ewig gilt, finden wir erst an den Rändern des Holzhausenviertels wieder Gastronomie.

Frankfurt versteht sich seit jeher als selbstbewusste Bürger- und Stifterstadt. So ist das Holzhausenschlösschen seit 1989 im Besitz der Frankfurter Bürgerstiftung, die es innen zu einem Veranstaltungsort ausbauen ließ. Hier geben renommierte Solisten und Ensembles Klassik- und Jazzkonzerte. Insbesondere Kinder finden im Programm der Bürgerstiftung viel Kurzweil. Jedes Jahr entern sie das Schlösschen zum großen Kinderfest.

Holzhausenschlösschen mit Fontäne

Das Schlösschen im Rücken, blicken wir auf eine 6 **Kastanienallee,** die seit 2025 den Namen des Jazzmusikers Emil Mangelsdorff trägt und am Ende mit einem schmiedeeisernen Tor zum Oeder Weg hin abschließt. Etwa 200 Meter vom Herrenhaus entfernt war hier die Auffahrt zur Holzhausen Oed. Wir folgen der **Justinianstraße** ein Stück nach Norden, schwenken rechts in die **Annastraße** und erliegen weiterhin dem ureigenen Charme des Viertels. Mal sind die Fassaden übergiebelt, mal mit Erkertürmchen und Eckkuppeln aufgelockert. Manches hat sich verändert, hier und da wurde abenteuerlich aufgestockt und modern dazwischengebaut. Von der Annastraße biegen wir links in die **Lichtensteinstraße** und wieder links in die **Holzhausenstraße** ein. An der nächsten Ecke rechts nimmt uns die Hynspergstraße auf, die einer anderen Patrizierfamilie gewidmet ist.

Der Spaziergang führt uns weiter entlang eleganter 7 **Jugendstilhäuser.** Vor dem Frauensteinplatz erreichen wir die **Cronstettenstraße,** die wiederum ein Adelsgeschlecht im Namen trägt. An der nächsten Straßenecke links, Klettenbergstraße 35, wohnte einst Siegfried Unseld, der Leiter des Suhrkamp Verlags. In der Villa fanden legendäre Empfänge zur Buchmesse statt.

Wir folgen der **Cronstettenstraße** nach Osten bis zur Eckenheimer Landstraße, auf die wir links abbiegen. Hier verlassen wir das charmante Holzhausenviertel. Der Spaziergänger mag sich fragen, warum es die Zeit fast schadlos überdauert hat. Wie auch das Westend wurde das Nordend von Bomben verschont, weil die Alliierten ein Auge darauf geworfen hatten. Nach dem Zweiten Weltkrieg umzäunte die US-Armee die Viertel vom Oeder Weg bis zum Palmengarten zum Sperrgebiet (siehe Route 7 Das Westend, Seite 88). Viele Bewohner mussten ihre Wohnungen räumen und woanders unterkommen – die Schlüssel sollten außen an den Türen stecken bleiben. Die Häuser wurden mitsamt Inventar beschlagnahmt. „Off limits – Zutritt verboten“ stand bis 1948 an den Zäunen. Viele Frankfurter kehrten erst viel später in ihre Häuser zurück.

Die Villa des Verlegers Siegfried Unseld war in der Literaturszene als Adresse für hochkarätige Empfänge berüchtigt.

Hynspergstraße

Wo die Eckenheimer Landstraße auf den Alleenring stößt, steht die Deutsche 8 **Nationalbibliothek.** Hier werden alle Medienwerke in deutscher Sprache archiviert. Wer noch nicht gleich die nächste U-Bahn nehmen möchte, kann auf dem 9 **Hauptfriedhof** die Gräber berühmter Frankfurter besuchen. Wir sind noch immer im Nordend. Um zum Eingang zu kommen, überquert man die Allee. Hier ruhen etwa der Philosoph Arthur Schopenhauer, der Soziologe Theodor W. Adorno, der Jazzposaunist Albert Mangelsdorff, der Literaturkritiker Marcel Reich-Ranicki, die Schriftstellerin Ricarda Huch, die Volksschauspielerin Liesel Christ und die Bürgerstochter Pauline Schmidt, die als Paulinchen im Struwwelpeter unsterblich wurde (siehe Route 1 Neue Altstadt und Römerberg, Seite 8).

7

Start: Goethe-Universität Frankfurt am Main, Campus Westend, Theodor-W.-Adorno-Platz 1, 60323 Frankfurt am Main
Ziel: Opernplatz, 60313 Frankfurt am Main
Länge: ca. 5 Kilometer
Dauer: ca. 2,5 Stunden
ÖPNV: Haltestelle Holzhausenstraße; Rückkehr zum Ausgangspunkt ab Haltestelle Alte Oper
Parken: Parkhaus Palmengarten, Siesmayerstraße 61, 60323 Frankfurt am Main

UNTERWEGS ENTDECKT

1. Uni-Campus Westend
2. Mitscherlichplatz
3. Grüneburgpark
4. Botanischer Garten Frankfurt
5. Orthodoxe Synagoge Westend
6. Rothschildpark

ESSEN + TRINKEN

Caféhaus Siesmayer, Siesmayerstraße 59, 60323 Frankfurt am Main, Tel. (0 69) 90 02 92 00, cafe-siesmayer.de (mediterrane und regionale Küche mit Blick auf den Palmengarten)
Park Café, August-Siebert-Straße, 60232 Frankfurt am Main (bei schönem Wetter Torten und internationale Gerichte in einem Pavillon im Grüneburgpark)

DAS WESTEND

Pariser Flair und Parks wie an der Schnur

Das Westend ist Frankfurts Nobelviertel. Mit seinen opulenten Gründerzeithäusern, gehobener Gastronomie, edlen Modeboutiquen und Galerien verströmt es großbürgerliche Extravaganz zwischen Alleenring und Banktürmen. Das Westend ist seit jeher mit prominenten Namen und jüdischer Kultur verbunden. Hier trifft man auf Spuren der bekannten Familie Rothschild. Hier steht die einzige Synagoge, die dunkle Zeiten überstanden hat. Das Westend war in den 1970ern Schauplatz des „Häuserkampfs". Heute gehört der angeblich schönste Uni-Campus der Republik den Studierenden. Und das Dreieck Palmengarten, Grüneburgpark und Botanischer Garten bildet Frankfurts größte Grünanlage in der Innenstadt.

Monumental erhebt sich das I.G.-Farben-Haus über dem **1 Uni-Campus Westend:** 250 Meter lang, in sechs Querflügel gegliedert, neun Geschosse, 35 Meter hoch. Einst war es eines der modernsten und größten Bürogebäude in Europa. Seine gelbliche Travertin-Fassade ist das neue Bild der Goethe-Universität Frankfurt am Main. Der größte deutsche Chemiekonzern, eines der mächtigsten Unternehmen der Welt, hatte es von 1928 bis 1931 nach Plänen von Hans Poelzig im Stil der Neuen Sachlichkeit errichten lassen. Man spricht auch vom Poelzig-Bau. Die Hauptverwaltung der I.G. Farben überragte fortan den Mousonturm, Sitz der Seifen- und Parfümfabrik in der Waldschmidtstraße, der mit 33 Metern bis dato als erstes Hochhaus der Stadt galt.

Von innen nach außen gebaut, entstand das I. G.-Farben-Haus als erster Stahlskelettbau Frankfurts.

Das Areal erzählt auch die dunkle Geschichte der I.G. Farben. Das Unternehmen hatte das Nazi-Regime großzügig unterstützt und Zwangsarbeiter und KZ-Häftlinge ausgebeutet. Der Name Norbert Wollheim steht stellvertretend für sie. Er verklagte das Unternehmen erfolgreich auf Schmerzensgeld und Entschädigung. Nach ihm ist ein Platz auf dem Campus am Ausgang zum Fritz-Neumark-Weg benannt. Das Wollheim-

Uni-Campus Westend, Wollheim Memorial und Casino-Gebäude

Memorial in einem Pavillon trägt seine Häftlingsnummer aus dem I.G.-Farben-KZ Buna.

Das I.G.-Farben-Haus atmet zudem deutsche Nachkriegsgeschichte. Hier richteten die alliierten Truppen ihr Hauptquartier für Europa ein. General Dwight D. Eisenhower hatte hier sein Büro, das heute als Empfangssaal dient. Zeitweilig beherbergte das Gebäude auch die Hauptzentrale der CIA in Deutschland. Mitte der 1990er-Jahre übergaben die Amerikaner den Komplex an den deutschen Staat. Das Land Hessen ließ es als neuer Eigentümer umbauen.

Seit 2001 strömen vor allem Studierende der Geisteswissenschaften tagtäglich zum Campus Westend.

Wir verlassen das Uni-Gelände am südwestlichen Ende, wo das Memorial steht, und biegen rechts in die **Fürstenbergerstraße** ab. Dieser folgen wir bis zu einem **Kreisel,** an dem Grüneburgweg, August-Siebert-Straße und Liebigstraße zusammentreffen. Hier sollte ein Platz entstehen, der an die berühmten Psychoanalytiker Margarethe und Alexander ❷ **Mitscherlich** erinnert. Ob der Ort dem Andenken der Namensgeber gerecht wird, bleibt nicht nur im Stadtteil umstritten. Der Name des Ehepaars ist eng mit dem im Westend beheimateten Sigmund-Freud-Institut verbunden. Ihr 1967 gemeinsam veröffentlichtes Werk „Die Unfähigkeit zu trauern" über die Abwehr der Deutschen gegenüber Schuld und Mitschuld an den Nazi-Verbrechen fand internationales Echo. Übrigens wohnten auch die bekannten Psychiater Alois Alzheimer und Heinrich Hoffmann, der Autor des Struwwelpeters, im Westend.

Vom Kreisel aus folgen wir dem **Grüneburgweg** in Verlängerung der Fürstenbergerstraße und erreichen nach ein paar Querstraßen an der **Siesmayerstraße** den Eingang zum ❸ **Grüneburgpark.** Wir beginnen unsere Runde am Spielplatz und halten uns im Wirrwarr der Pfade am äußeren Rand, gegen den Uhrzeigersinn. Der 29 Hektar große Park zählt zu den größeren Volksparks in Frankfurt und ist ein Gartendenkmal. Ursprünglich entstand er als Villenpark des Bürgertums. Wohlhabende Bankiers und Kaufleute errichteten auf dieser Anhöhe, eine halbe Stunde Kutschfahrt von der Stadt entfernt, Mitte des 18. Jahrhunderts Gartenhäuser. Sie wählten dafür malerische Aussichten auf die Stadtsilhouette und den Taunus aus. Rund um die Gartenhäuser gediehen Obst, Gemüse und Wein. Aus den ländlichen Idyllen entwickelten sich im 19. Jahrhundert prachtvolle Villen mit Parks im englischen Stil. Dieser war gerade en vogue. Die Gärtner pflanzten Zitrusgewächse und andere hübsche Exoten. Pavillon, Tempel, Türmchen und Schweizerhäuschen lockerten die Anlage architektonisch auf.

Parkcafé im Grüneburgpark

Der Gutshof Grüne Burg, der dem Park den Namen gab, gehörte der Familie Bethmann-Metzler. Sie empfing hier prominente Gäste wie Johann Wolfgang von Goethe, Bettine von Arnim, Clemens Brentano oder Karoline von Günderrode. 1837 kaufte die Bankiersfamilie Rothschild das Anwesen und ließ dort ein extravagantes Schlösschen, das Neue Palais an der Grünen Burg, errichten. Der Landschaftsarchitekt Heinrich Siesmayer, Schöpfer des Palmengartens, gestaltete den Park zu einer großzügigen Anlage mit mächtigen Baumgruppen, sein Sohn Philipp erweiterte ihn später bis zur Miquelallee. Die Familie Rothschild flüchtete vor den

Herbststimmung im Grüneburgpark

Grüneburgpark, Blick auf den Europaturm

Griechisch-orthodoxe Georgioskirche im Grüneburgpark

Nazis in die Schweiz, sie musste das Anwesen der Stadt überlassen.

Viel ist davon nicht übrig geblieben. Das Schlösschen wurde von einer Kriegsbombe zerstört und dann abgerissen. Infotafeln im oberen Teil des Parks zeigen, wie apart es ausgesehen hat. Ein achteckiger klassizistischer Pavillon immerhin beherbergt heute das Park-Café. Ein paar Schritte weiter befindet sich am Ausgang zum Uni-Campus der Koreanische Garten mit zwei Pavillons im traditionellen Stil, Teichen und Bächen. Südkorea, 2005 Gastland auf der Buchmesse, hatte den Garten der Stadt geschenkt. Der Morgentau-Pavillon wurde 2017 bei einem Brandanschlag zerstört. Nicht nur Freunde der fernöstlichen Kultur hoffen, dass dieser Ort der Stille wie Phönix aus der Asche wiederaufersteht.

Nicht weit von der Georgioskirche führt das Ensemble der Dramatischen Bühne im Sommer Theater- und Filmklassiker auf.

Etwas weiter nördlich kommen wir zur griechisch-orthodoxen **Georgioskirche,** die auf den Mauern der einstigen Rothschildschen Orangerie steht. Wir knicken nun in südwestliche Richtung ab und verlassen den Park wieder am unteren Spielplatz. Die Verführung ist groß: Gegenüber locken Palmen wie Tropenkönige vor dem Schauhaus des Palmengartens zu einem Besuch ihres exotisch-tropischen Gartenreiches. Der Einladung folgen wir später (siehe grüne Seite 101 Palmengarten).

Wir folgen stattdessen der **Siesmayerstraße** rechtsherum und erreichen an ihrem Ende den etwas versteckt liegenden Eingang zum nächsten Biotop des Park-Dreiecks, den 4 **Botanischen Garten** (geöffnet von März bis Oktober). Ursprünglich hatte ihn der Arzt und Naturforscher Johann Christian Senckenberg 1763 gestiftet. Bis Ende 2011 gehörte der Garten der Goethe-Universität und ist nun im Besitz der Stadt. Er breitet sich auf 8 Hektar Fläche aus – genug Raum für etwa 4000 Pflanzenarten, die in Gesellschaften wachsen. Viele sind vom Aussterben bedroht.

Zeidlerbaum im Botanischen Garten

Von der ersten Wegkreuzung aus gehen wir links und starten unseren Besuch am Teich. Mit etwas Glück fliegt gerade ein Eisvogel herbei, um Moderlieschen zu jagen. Von der Holzveranda aus genießen wir das Panorama und laufen den Weg im Uhrzeigersinn weiter. Die Pflanzenreviere sind geografisch geordnet, so lernen wir die Flora Nordamerikas, Ostasiens, des Mittelmeers sowie Mitteleuropas kennen. Spannend ist, die Biotope miteinander zu vergleichen. Links vom Weg fällt uns ein merkwürdiger Wohnsitz auf. Im Stamm einer abgestorbenen Rotbuche liegt eine Höhle, die einen Schwarm Bienen als Untermieter beherbergt. Es handelt sich um eine der ältesten Formen der Imkerei, einen Zeidlerbaum.

Wir folgen der Kehre nach rechts. An der Bachaue, zwischen Bäumen inmitten von Sumpfpflanzen, blitzen die silbergrauen Hochhäuser des Bankenviertels auf. Wir passieren den Kiefern-Eichen-Wald und erreichen den Hochalpengarten Alpinum. Seine vielfältige Flora tupft besonders im Frühjahr herrliche Blüten zwischen die Steine und Felsen. Von dort aus führen mehrere Pfade in Richtung Bienenhaus. Unterhalb davon verströmt der Botanische Garten seine ganz besondere Herznote. Wir sind im Arzneipflanzengarten. Er wurde zu Ehren des 300. Geburtstages des Parkstifters Senckenberg angelegt, der ein Förderer der Heilkunde war.

Die Flora im Botanischen Garten lockt andere Lebewesen an: Mehr als 320 Pilzarten und 100 verschiedene Flechten haben sich angesiedelt, dazu Vögel, Insekten, Frösche und mehr.

Der Garten stellt auf 13 Themenbeeten mehr als 140 Heilpflanzen und das aktuelle Wissen über sie vor: Gänse-Fingerkraut wirkt gegen Durchfall, Zitronen-Melisse schont die Nerven, Echtes Mädesüß hilft bei Entzündungen. Auch der Grünen Soße ist ein Beet gewidmet. Kenner der sieben Kräuter werden sich vielleicht wundern, was der

Weiher im Botanischen Garten

Arzneipflanzengarten im Botanischen Garten

Kleine Wiesenknopf hier zu suchen hat. Der Frankfurter sagt dazu Pimpinelle.

Man könnte hier endlos entdecken und schnuppern. Aber wir ziehen weiter. Kurz vor dem Parkausgang bestaunen wir noch einen Urweltmammutbaum aus China, der mit einem Umfang von knapp 5,5 Metern rekordverdächtig ist.

Zurück auf der Siesmayerstraße wechseln wir die Perspektive von der Natur hin zur Architektur. Im späten Mittelalter lag der Stadtteil noch innerhalb der schützenden Frankfurter Landwehr, die sich als Hecken-Graben-System um die freie Reichsstadt zog. Entlang standen Wehrtürme, von denen einige, wie die Bockenheimer Warte, bis heute zum Stadtbild gehören. Nach dem Fall der Stadtmauern wuchs Frankfurt nach Norden. Vorstadtvillen entstanden, wie eben das Neue Palais im Grüneburgpark oder die Villa Leonhardi, die heute auf dem Gelände des Palmengartens steht. Sogar der erste

In die Frankfurter Grüne Soße gehören 7 Kräuter: Schnittlauch, Petersilie, Borretsch, Sauerampfer, Kresse, Kerbel und Pimpinelle.

Frankfurter Zoo wurde an der Bockenheimer Landstraße eröffnet. Das Westend wuchs weiter und war am Ende des 19. Jahrhunderts bis zum Alleenring bebaut. Die Stadt legte Boulevards und Plätze an. Gemeinsam mit den vornehmen Häusern im Gründerzeitstil verströmen sie bis heute den typischen Pariser Charme.

Ehemaliges Wohnhaus von Bertha Pappenheim

Wir laufen die **Siesmayerstraße** am Palmengarten entlang nach Süden und gelangen an der zweiten Kreuzung links in die **Feldbergstraße.** An den Hausnummern 46–48 erinnert eine Tafel an Fritz Bauer, der von 1957 bis zu seinem Tod hier wohnte. Der hessische Generalstaatsanwalt brachte den ersten Frankfurter Auschwitzprozess ins Rollen. Wir queren Myliusstraße und Wiesenau. Noch einmal entdecken wir Spuren der Psychoanalyse. Auf der rechten Seite der Feldbergstraße, im Haus mit der Nummer 23, lebte Bertha Pappenheim. Die gebürtige Wienerin war erste Patientin von Sigmund Freud. Sie hinterließ aber weit mehr als die Fallgeschichte „Anna O". In Neu-Isenburg gründete sie ein Mädchenwohnheim und kämpfte gegen Menschenhandel und Prostitution. Bertha Pappenheim rief den Jüdischen Frauenbund ins Leben und verfasste emanzipatorische Schriften. Nach ihr ist der Platz am neu gestalteten Jüdischen Museum benannt (siehe Route 2 Der Anlagenring, Seite 24).

An der nächsten Kreuzung biegen wir rechts in die **Freiherr-vom-Stein-Straße** ab, queren die Friedrichstraße und gelangen zur **5 Orthodoxen Synagoge Westend.** Als einzige der vier großen Synagogen hat sie die dunklen Zeiten des Nazi-Regimes überstanden, obwohl auch sie in der Pogromnacht innen in Brand gesetzt worden war. Die assyrische Architektur zitiert den Jugendstil. Die blau und golden ausgestaltete Synagoge bietet Raum für 1600 Personen.

Bilanz des Häuserkampfs: 24 Bauten im Westend konnten vor dem Abriss bewahrt werden.

Wir folgen der Freiherr-vom-Stein-Straße und biegen links in die **Eppsteiner Straße** ein. Auf der rechten Seite steht hübsch eingewachsen und mit schmiedeeisernen Balkongeländern verziert das Haus mit der Nummer 47. Es war das erste Haus, das Anfang der 1970er aus Protest gegen Mietervertreibung besetzt wurde. Vor allem Studenten widersetzten sich dem Plan von Spekulanten, alte Villen abzureißen und durch Bürobauten zu ersetzen. Der Frankfurter „Häuserkampf" machte deutschlandweit Schlagzeilen. Die wohl bekanntesten Vertreter der Szene waren Daniel Cohn-Bendit und Joschka Fischer.

Weiter auf der Eppsteiner Straße lassen wir Liebigstraße und Unterlindau hinter uns. An der **Kreuzung Oberlindau** biegen wir rechts ab, queren Kronberger Straße und Staufenstraße und erreichen den 6 **Rothschildpark.** Erneut treffen wir auf Spuren der berühmten Bankiersfamilie, die auch hier, zwischen Reuterweg und Unterlindau, ein Wohnhaus mit Landschaftsgarten besaß. Ein Denkmal im südlichen Teil des Parks erinnert daran. Von dem einst prachtvollen Anwesen ist nur ein neugotischer, märchenhaft wirkender Turm übrig geblieben, der uns mit scheinbar sehnsuchtsvollem Gruß durch seine Mauern passieren lässt.

Orthodoxe Synagoge Westend

In Blickweite fallen uns überlebensgroße Bronzefiguren ins Auge: der „Ring der Statuen", ein Spätwerk des Bildhauers Georg Kolbe. Die im Kreis harmonisch angeordneten sieben Skulpturen zeigen Frauen und Männer, nackt und muskulös. Begleitet werden sie durch 14 schmale Rechtecksäulen. Die Arbeit trägt die Handschrift ihres Schöpfers, der in vielen seiner Werke das Ideal des beseelten schönen Leibes verwirklichte. Bevor wir den Park am südlichen Ende zur Bockenheimer Landstraße hin verlassen, schauen wir noch auf den Opernturm, der mit 170 Metern Höhe die Bäume überragt. Er steht an der Stelle des früheren Zürich-Hauses, das hier bis 1960 als erstes Frankfurter Hochhaus errichtet wurde. Damals waren 68 Meter richtig hoch. An der Kreuzung zur Bockenheimer Anlage erreichen wir das Ziel dieser Route, den Opernplatz (siehe Route 2 Der Anlagenring, Seite 24).

„Ring der Statuen" von Kolbe

DER PALMENGARTEN

Duftende Blütenmeere, exotische Erlebniswelten – seit mehr als 150 Jahren ist der Palmengarten ein paradiesischer Ort. Verteilt auf 22 Hektar ist er einer der größten seiner Art in Deutschland. Ob im Freiland und unter den Dächern der Schauhäuser: Hier wachsen etwa 13.000 Pflanzenarten. Übers Jahr gibt es Sonderschauen, von der Kamelie bis zum Kürbis. Hinzu kommen Events wie das Rosen- und Lichterfest und die Winterlichter. Der Palmengarten ist Lernfeld, Erholungsraum und Konzertbühne für Jazz, Oper und Pop. Neuste Attraktion ist das Blüten- und Schmetterlingshaus. Besucher können den Lebenszyklus eines Schmetterlings vom Ei über Raupe und Puppe bis zum Falter erleben.

Historische Ansichten

Bootsfahrt auf dem großen Weiher

Den Palmengarten haben die Frankfurter den Preußen zu verdanken. Als diese 1866 das Herzogtum Nassau annektierten, musste der finanziell klamme Adolph von Nassau Besitztümer veräußern, darunter die Wintergärten in Wiesbaden-Biebrich mitsamt reicher Sammlung exotischer Pflanzen. Er beauftragte den international bekannten Gartengestalter Heinrich Siesmayer mit der Suche nach einem Käufer. Dieser wollte die Exoten nach Frankfurt holen und nach den Vorbildern von Brüssel und London einen „Südpalast" errichten. Er fand vermögende Bürger für eine Aktiengesellschaft und die Vision wurde 1871 Wirklichkeit. Siesmayer entwarf einen englischen Landschaftsgarten mit weitläufigen Wegen, die in Schwüngen durch den Garten führten und im Volksmund „Brezelwege" genannt wurden. Angeregt durch die Weltausstellung in Paris, entstand das Palmenhaus, damals eine bahnbrechende Glas-Eisen-Konstruktion.

8

Start/Ziel: U-Bahn-Station Hausener Weg, Hausener Weg 112, 60487 Frankfurt am Main
Länge: ca. 4,5 Kilometer
Dauer: ca. 2 Stunden
ÖPNV: Haltestelle Hausener Weg
Parken: Hausener Weg und Nebenstraßen

UNTERWEGS ENTDECKT

1. Niddaufer
2. Rosengarten
3. Petri-Haus
4. Bronzemodell des alten Rödelheimer Schlosses
5. Barfüßer
6. Radilostraße
7. Alt-Rödelheim

ESSEN + TRINKEN

In der Radilostraße gibt es ein großes Angebot an orientalischen, asiatischen und afrikanischen Speisen.

Eis Cortina, Radilostraße 13, 60489 Frankfurt am Main, Tel. (0 69) 78 34 30
(eigene Herstellung)
Restaurant Nidda, Ludwig-Landmann-Straße 326, 60487 Frankfurt am Main, Tel. (0 69) 27 29 59 36, restaurant-nidda.de
(deutsch-indische Küche)

RÖDELHEIM

Romantik und Rap

Vom Zauberreich der Brentanos zu den harten Reimen der Hip-Hop-Hochburg – Rödelheim setzt sich kontrastreich in Szene. Der westliche Arbeiterstadtteil atmet multikulturelle Geschäftigkeit und dörfliche Vorstadtidylle zugleich. Etwa 20.000 Einwohner leben hier. Die Ortsgeschichte lässt sich am besten beim Flanieren durch Brentano- und Solmspark erkunden. An den Gestaden der Nidda wurden einst mittelalterliche Wasserburgen und romantische Landsitze angelegt. Unterwegs gibt es viel Überraschendes zu entdecken: sachliche Architektur des Neuen Frankfurts etwa oder ein Fabelwesen, das im Grüngürtel lauert.

Nur ein paar Schritte sind es von der lauten mehrspurigen **Ludwig-Landmann-Straße** mit der U-Bahn-Station Hausener Weg bis hinunter zum ❶ **Niddaufer.** Wir folgen den Radwegweisern. Unterhalb der Brücke fließt entspannt die Nidda und empfängt uns gleich mit einem idyllischen Anglerheim. Die Option auf eine Einkehr mit Flussblick merken wir uns für später, halten uns rechts und folgen dem Nidduferweg flussabwärts. Wir sind im westlichen Teil des Grüngürtels unterwegs. Die Strecke ist bei Spaziergängern, Gassigehern, Joggern, Skatern, Radfahrern und Anglern auf der Suche nach einem gemütlichen Ansitz gleichermaßen beliebt. Hier in Rödelheim hat die Nidda bereits ein gutes Stück Lauf hinter sich. Auf ihrem Weg von der Quelle im Vogelsberg, dem mächtigsten Basaltmassiv Europas, legt sie bis zur Mündung an der Wörthspitze in Höchst 90 Kilometer zurück. Sie durchfließt die fruchtbare Wetterau und einige nördliche Stadtteile von Frankfurt. Bereits die Römer haben den Zufluss des Mains als Transport- und Handelsweg genutzt. Namensgeberin ist die keltisch-germanische Siedlung Nida nahe Heddernheim.

Die Nidda hat einiges mitgemacht. Bis in die 60er-Jahre des 20. Jahrhunderts wurde sie für Landwirtschaft und Siedlungsbau gnadenlos begradigt. Die Folgen waren gra-

Brentanopark im Herbst

vierend. Aber die Ufervegetation und die Wasserbewohner erholen sich langsam, seit der Fluss ab Mitte der 1990er-Jahre renaturiert wird. Entlang unserer Route, zwischen dem Wehr in Praunheim und der Autobahnbrücke der A5, erleben wir einen zunächst noch kanalartig geraden Fluss, der aber bald, umsäumt von Ufergehölzen, die Spielarten seines ursprünglichen Verlaufs offenbart. Auf der anderen Seite der Nidda liegt das Brentanobad. Mit 220 Metern Länge und 50 Metern Breite ist es das größte Freibad der Stadt.

Jenseits der Ludwig-Landmann-Straße wirbt das Hausener Freibad mit Start Anfang April und spätem Saisonende für den „längsten Sommer Frankfurts".

Wir bleiben an Land und erreichen eine Kreuzung, an der es rechts in den Ort geht. Wir gehen links, überqueren ein Venedig-Brückchen und erreichen über eine kleine Insel und einen zweiten Steg den reizvoll gestalteten Brentanopark. Wie viele andere Parks der Stadt, die wohlhabende Bankiers- oder Kaufmannsfamilien angelegt haben, umfasst auch dieser heute nur noch einen Bruchteil seiner einstigen Größe. Im 19. Jahrhundert war er das Kleinod von Georg Brentano, einem älteren Bruder

der Dichter Bettine und Clemens Brentano. Georg war wie sein Vater Kaufmann. Ebenso wie seine Geschwister war er aber auch ein empfindsamer Mensch und empfänglich für die romantischen Strömungen seiner Zeit. Das Dörfchen Rödelheim, damals zu Hessen-Darmstadt gehörig, sollte sein Sommersitz werden. 1808 kaufte er den Landsitz „Auf der Insel“ mitsamt Badetempel und mit der Leidenschaft eines Sammlers weitere Areale dazu. Ganz im Geist der Romantik sollte der Park an der Nidda, die hier ein paar elegante Schwünge macht, natürlich wirken, zugleich aber mit Schauelementen ausgestattet sein. Aussichtshügel, Rosenbeete und ein Irrgarten brachten Stimmung hinein. Eine Bühne mit drei lang gezogenen Stufen auf dem Inselchen erinnert noch an ein Heckentheater. Sie wird für Festivals

Frühere Flussbadeanstalt an Nidda und Mühlgraben

genutzt. Nilgänse führen dort vielleicht gerade ihr heiseres, ruckendes Geschrei auf.

Unter mächtigen alten Bäumen passieren wir das Kriegerdenkmal und laufen auf ein Spalier mit Rosenbögen zu, unter dem wir uns mit zugekniffenen Augen den Brentano'schen Laubengang vorstellen können. Er führte zu einem Musikpavillon mit der Inschrift „Modis et Floribus“ – den Melodien und den Blumen. Früher wurde er von Gewächshäusern flankiert und von zwei Sphinxen bewacht, die heute noch, mit leicht ramponierten Nasen, den 2 **Rosengarten** zieren. Die Bögen öffnen uns den Blick zu einem halbrunden weißen Gebäude auf roten Säulen. Bauhausästhetik, hier? Das Gebäude steht für das Stadtplanungsprogramm Neues Frankfurt unter Ernst May. 1926 gelangte der Brentanopark, stark mitgenommen, in den Besitz der Stadt. Seine Lage regte zum Bau einer Flussbadeanstalt an. Daneben entstand ein Schulgarten, für den Eugen Kaufmann, ein Mitstreiter Mays, einen Unterrichtspavillon errichtete. Das Gebäude ist heute denkmalgeschützt und wird vom Heimat- und Geschichtsverein genutzt.

Pavillon im Bauhausstil

Wir umrunden den halbkreisförmigen Rosengarten und schauen auf einen imposanten Ginkgobaum, der mit mehr als 250 Jahren der angeblich älteste seiner Art in Deutschland ist. Der Rödelheimer Ginkgo soll Goethe zu dem berühmten Gedicht aus dem West-östlichen Divan inspiriert haben. Der Dichter war gern in diesem Park zu Gast, ebenso Marianne von Willemer und die Brüder Grimm. Rödelheim entwickelte sich zum Hotspot der Romantiker. Hausherr Georg Brentano soll sich allerdings gern zurückgezogen haben, wenn seine Schwester Bettine mal wieder prominente Gäste einlud. 1819 hatte er das Fachwerkgebäude des Bäckers Johann Petri erworben und von dem Berliner Baumeister Karl Friedrich Schinkel zu

Sphinxfigur im Brentanopark

einem Schweizerhäuschen umbauen lassen. Es leuchtet heute noch vom anderen Niddaufer, unweit eines Wehrs, erkennbar an seinen weißen Balkongeländern und Dachverzierungen. Die Alpen lassen grüßen. Das ③ **Petri-Haus** beherbergt ein kleines Brentano-Museum und Räume für Konzerte und Lesungen.

Petri-Haus im Brentanopark

Wir überqueren den Mühlgraben. Links erinnert ein Denkmal mit Steinblöcken an die zerstörte Rödelheimer Synagoge. Rechts des Wegs steht etwas abseits ein klassizistisches Gartenhaus, Goethe-Tempelchen genannt. Wir verlassen den Park am Ausgang zur Straße **Auf der Insel.** Zum Abschied beneiden wir Maxe von Arnim, die Tochter Bettines, um ihre Aufenthalte. Sie schrieb: „In diesem Zauberreich haben wir fünf Sommer verlebt, verwöhnt durch des Onkels Liebe und Güte – kein Wunder, dass wir uns selbst wie ein Paar Märchenprinzessinnen vorkamen!"

Eine Brücke trennt den Brentanopark von dem südlich gelegenen Solmspark, unserem nächsten Ziel. Beim Überqueren passieren wir eine Trinkhalle, die zur Rödelheimer Alltagskultur gehört. Sie steht für etliche Verkaufsbuden an Straßenecken, die der Frankfurter Wasserhäuschen und der Zugezogene Kiosk nennt. Was heute etwas pharisäerhaft klingen mag, weist noch auf die Zeit hin, als an Kiosken nur abgefülltes Mineralwasser verkauft wurde. Im Solmspark halten wir uns zunächst rechts, um uns wenig später nach links zu orientieren. Auf einem Platz, umrahmt von einer halbrunden Mauer und Sitzbänken, thront auf einem Granitfindling das ④ **Bronzemodell des alten Rödelheimer Schlosses** im Maßstab 1 : 40. Hier, zwischen Nidda und Mühlgraben, einem Seitenarm, stand im Mittelalter eine Wasserburg. In alten Urkunden wird 1150 ein Graf namens

Gerhard von Redelnheim erwähnt. Vermutlich besaß bereits dieser eine Burg, von der hier, auf dem Handelsweg von Frankfurt nach Köln, die Niddafurt kontrolliert wurde. Mitte des 15. Jahrhunderts tauchen die Grafen zu Solms als regierende Burgherren auf. Über die Jahrhunderte hinweg bröckelten die Mauern vor sich hin, 1802 wurden sie schließlich abgetragen. Die Adeligen von Solms-Rödelheim errichteten ein klassizistisches Schloss, das den Zweiten Weltkrieg nicht überstand. Mauerreste liegen noch unter der Grasnarbe. Infotafeln zeigen, wie das Ganze einmal ausgesehen hat.

Vom Modell aus gehen wir links in Richtung Mühlgraben und treffen bald auf zwei Baumgiganten mit charakteristischer Borke. Ein Chinesisches Rotholz und eine Echte Sumpfzypresse, die eigentlich im Süden der USA beheimatet ist, wachsen hier einträchtig nebeneinander. An der nächsten Weggabelung nehmen wir links das Brückchen über den Mühlgraben. Wo dieser und die Nidda sich wiedervereinigen, um unter dem Blauen Steg einträchtig gen Westen dahinzufließen, ruft eine Treppe die Zeit der einstigen

Bronzemodell Rödelheimer Schloss

Flussbadeanstalt wach. Links des Wegs schenkt ein seltsames Wesen allen Vorbeikommenden ein breites selbstgefälliges Grinsen. Es ist der 5 **Barfüßer:** halb Mensch, halb Tier, ausgestattet mit sechs Paar Füßen und kurzen Beinen. Statt Ohren hat es Hände. Nase und Schwanz sind zu weiteren Füßen verwachsen. Das Fabelwesen ist ein Objekt der Komischen Kunst, Kumpanen des Grüngürteltiers (siehe grüne Seite 151 Grüngürtel), die rings um die Stadt Spaziergängern auflauern und Spaß bereiten. Der Barfüßer floss dem Karikaturisten Kurt Halbritter aus der Feder, nach dem die kleine Anlage mit Picknickplatz benannt ist. Der Bildhauer Siegfried Böttcher hat daraus eine Bronzefigur geschaffen. „Halbritters Tier- und Pflanzenwelt" zufolge tragen Barfüßer übrigens erschöpfte Pilger nach anstrengenden Wallfahrten zu ihren Heimatorten zurück.

Wir verzichten auf den Transportdienst und verabschieden uns mit einer Anekdote. Demnach soll ein 16-Jähriger mit weiter Jeans und umgedrehter Basecap den Solmspark durchquert und erstaunt vor dem Fabelwesen ausgerufen haben: „Hey, Alter, Mann, siehst du krass aus!" Mit dieser Zeile im Kopf überqueren wir den Blauen Steg, um unter-

Der Barfüßer trägt nicht nur müde Krieger

wegs zur Ortsmitte den richtigen Rhythmus zu finden. Denn wie kein zweiter Stadtteil ist Rödelheim mit dem Rap verbunden. Wir laufen durch die **Marquardstraße** Richtung Bahnhof und erinnern uns an das Rödelheim Hartreim Projekt. Mitte der 1980er-Jahre lernen sich Moses Pelham und Thomas Hofmann auf einem Ballsportplatz kennen. Sie holen den amerikanischen Straßenrap in den Frankfurter Arbeiterstadtteil und stürmen die Musikbühnen. Der deutsche Rap hat seine rebellischen Stars – inklusive Sabrina Setlur alias Schwester S. Frankfurt wird zur Techno- und Hip-Hop-Hochburg.

Gastronomie in der Radilostraße

Wir gehen „höha, schnella, weita“ und biegen an der S-Bahn-Station rechts in die 6 **Radilostraße** ab. Der Name erinnert an den Ur-Rödelheimer Radilo, der im frühen Mittelalter die Gegend ordentlich gerodet und damit urbar gemacht haben soll. Inzwischen teilt die Hauptader das Los vieler Einkaufsstraßen. Alles ist im Wandel. In jedem Fall ist die Radilostraße ein Mekka für Freunde orientalischer, asiatischer und afrikanischer Speisen. An der Ecke zur Kalkentalstraße bietet eine Eisdiele leckere eigene Kreationen an. Ein paar Schritte weiter gibt es in einem mit bunten Fahnen gestalteten Hinterhof äthiopisches Fingerfood. Man sitzt im Freien oder unter Zeltplanen.

Rödelheim ist für seine unkommerziellen Festivals bekannt. Den nächsten Besuch planen wir zum Parkfest und zum Festival Musik am Fluss.

An der nächsten Kreuzung überqueren wir die Lorscher bzw. Reichsburgstraße und erreichen 7 **Alt-Rödelheim,** wo die multikulturelle Seite mit dem altmodischen Vorstadtcharme des Stadtteils eine ureigene Mischung ein-

Fachwerk in Alt-Rödelheim

geht. Vieles wurde abgerissen, Neues entsteht. So steht die Ortsmitte vor der Aufgabe, sich neu erfinden zu müssen. Wir biegen in die **Assenheimer Straße** ein und entdecken vor der Oelmühlgasse ein paar putzige Fachwerkhäuser. Wo die Flußgasse mündet, steht gegenüber ein Haus mit grünen Fensterläden und einer Mauer mit Rundbogen, das von Hausbesetzungen erzählen könnte, die in Frankfurt seit dem legendären Häuserkampf (siehe Route 7 Das Westend, Seite 88) Tradition haben. Durch die **Flußgasse** stechen wir zum Niddaufer durch. Linksherum gelangen wir über den bekannten Uferweg zum Ausgangspunkt zurück.

Deutsches Romantik-Museum

AUF SPUREN DER BRENTANOS

Direkt neben dem Goethe-Haus im Großen Hirschgraben ist der Geist der Romantik wiedererwacht. Im 2021 eröffneten Deutschen Romantik-Museum können Besucher auf drei Etagen eine weltweit einzigartige Sammlung an Briefen, Kunstwerken und Erinnerungsstücken erleben, die zuvor so nicht zugänglich war. Träger ist das Freie Deutsche Hochstift/Frankfurter Goethe-Museum. Zu den Schätzen zählen eine Lederhandtasche der Schriftstellerin Bettine von Arnim und Originale von Caspar David Friedrich.

Die Brentanos zählen zu den großen Dichtern der deutschen Romantik. Die Geschwister Bettine und Clemens stammen aus einer Kaufmannsfamilie aus der Lombardei, die ein Handels- und Bankhaus in Frankfurt betrieb. Ihr Bruder Georg ließ den Park in Rödelheim anlegen. Mit dem Audio-Spaziergang „Via Brentano“ kann man den Spuren der Familie per QR-Code folgen. Das Brentanohaus im 60 Kilometer entfernten Oestrich-Winkel erinnert mit einzigartigem Ambiente an das geistig-kulturelle Zentrum der Rheinromantik. Nach der Sanierung soll es im alten Glanz erstrahlen.

9

Start/Ziel: Bahnhof Höchst
Länge: ca. 4 Kilometer
Dauer: ca. 2 Stunden
ÖPNV: Haltestelle Höchst Bahnhof
Parken: Dalbergstraße und Umgebung

UNTERWEGS ENTDECKT

1. Greiffenclau'sches Haus
2. Burggraben
3. Schlossplatz
4. Justinuskirche
5. Kronberger Haus
6. Schlosshof
7. Mainfähre „Walter Kolb"
8. Wörthspitze
9. Bolongarogarten mit Palast
10. Königsteiner Straße

ESSEN + TRINKEN

Mainod, Batterie, 65929 Frankfurt am Main,
Tel. (0 69) 30 06 76 80, mainod.de
(Kaffee und Kuchen an Deck)
Zum Bären, Höchster Schloßplatz 8, 65929 Frankfurt am Main,
Tel. (0 69) 30 93 43, zumbaeren.net
(Frankfurter Spezialitäten mit Schlossblick)

HÖCHST

Ein Hauch von Italien am Main

Höchst kommt von Hostat wie Hohe Stelle. Also nicht zu toppen? In der Tat steckt der Stadtteil mit etwa 16.000 Einwohnern im Westen, der lange zur Kurmainz gehörte und bis 1928 unabhängig war, voller Highlights. Hier steht mit der Justinuskirche das älteste Gebäude der Stadt, hier quert die einzige Fähre den Main. Dazu ein Haufen Holz: Nur wegen der pittoresken Höchster Altstadt führt die Deutsche Fachwerkstraße durch Frankfurt. Und weißes Gold: In der zweitältesten Porzellanmanufaktur Deutschlands wird noch immer produziert. An der Wörthspitze fließt die Nidda in den Main. Der Lago Maggiore scheint vom Bolongarogarten aus nicht mehr weit.

Wir starten am Bahnhof, der den Glanz der Jugendstilzeit erst auf den zweiten Blick offenbart. Früher repräsentierte das Empfangsgebäude das rasante Wachstum, das die Stadt durch den Aufstieg als Chemiestandort erlebte. Heute ist der zweitgrößte Bahnhof der Mainmetropole ein wichtiger Knotenpunkt für den Nah- und Regionalverkehr. Wir überqueren die **Dalbergstraße,** wo uns die **Antoniterstraße** gleich ein schicksalhaftes Kapitel Höchster Geschichte erzählt. Der Straßenname geht auf den südfranzösischen Antoniterorden zurück, dessen Mönche in eigenen Hospitälern Kranke pflegten und heilten, die sich an pilzbefallenem Getreide – Mutterkorn – vergiftet hatten. Das sogenannte Antoniusfeuer verursachte Geschwüre, aufgedunsene Bäuche, man bekam schwarze Hände und Beine, die dann amputiert werden mussten. Oft führte die Krankheit zum Tod. Um das Leiden zu mildern, verwendeten die Mönche nach dem Wissen ihrer Zeit spezielle Heilkräuter.

Das einstige Kloster stand in der Bolongarostraße 137–139. Das heutige Gebäude trägt das Antoniterkreuz an der Fassade.

Das einstige Kloster stand in der Bolongarostraße 137–139. Das heutige Gebäude trägt das Antoniterkreuz an der Fassade.

Die Kräuter wachsen heute im Garten der Justinuskirche, den wir später besuchen.

Wir queren die Hostatostraße und erreichen die Emmerich-Josef-Straße, in der zwei wichtige Kulturadressen des Stadtteils beheimatet sind: die Kleinkunstbühne Neues Theater Höchst mit renommiertem Varieté und der Kinosaal des mehrfach preisgekrönten Filmforums Höchst. Der Antoniterstraße folgend, peilen wir den weißen Schlossturm an und erreichen den Marktplatz. Mehrfach pro Woche bieten Händler hier frisches Gemüse und Feinkost an. Wir bummeln ans nordöstliche Ende des Platzes zu einem Brunnen aus hellem Kalkstein, der Adolf von Brüning, einem Mitbegründer der Farbwerke Hoechst, und seiner Frau Clara gewidmet ist. Am Ostrand des Marktplatzes verdeckt ein früherer Luftschutzbunker die Geschichte der Höchster Juden. Hier stand bis zur Reichspogromnacht die Synagoge. Ursprünglich befand sich hier an der Stadtmauer ein Wehrturm. Der neu gestaltete Ettinghausenplatz soll die wechselvolle Historie sichtbar machen.

Greiffenclau'sches Haus

Von der Justinuskirchstraße gelangen wir in die Gasse **Wed** und an einen Platz mit drei Bäumen und Brunnen, an dem ein rötlich-ockerfarben verputztes Haus mit schönem Giebel steht. Es gehörte den Herren von Greiffenclau aus Winkel am Rhein. Heute befindet sich im 1 **Greiffenclau'schen Haus** die Bürgervereinigung Höchster Altstadt, die sich um den Erhalt der historischen Gebäude und bessere Wohnqualität kümmert. Rund um diesen Winkel ragen einige schiefe Häuschen über die Gasse, die zum Fachwerkerbe beitragen. Zwar hatten die Wut zweier großer Brände und der Dreißigjährige Krieg viel Bausubstanz zerstört. Von Bomben im Zweiten Weltkrieg blieb der Stadtteil jedoch weitgehend verschont. So steht das Ensemble der malerischen Altstadt seit 1972 unter Denkmalschutz.

Die Rose im Straßennamen verrät das Rotlichtviertel von einst.

Beispielhaft dafür steht das spätgotische Haus zum Anker, auf das wir in der Bolongarostraße 173 stoßen. Ein paar Schritte weiter rechts kreuzen wir noch einmal die Antoniterstraße, die sich hier zur schmalen Rosengasse verengt.

Wieder ein Stück weiter lädt der hübsche mediterrane Garten des Dalberger Hauses in der **Bolongarostraße** 186

Neues Schloss vom Burggraben aus

Torhaus mit Burggraben

zu einer kleinen Pause ein. Der frühere Adelssitz aus der Renaissancezeit beherbergt heute ein Familienzentrum und die Werkstatt eines Cembalobauers. Den Gewölbekeller kann man mieten. Wir queren die Bolongarostraße, tauchen in den Burggraben ein und stehen vor der Torpforte des Neuen Schlosses. Hier stiegen die Mainzer Kurfürsten ab, nachdem das Alte Schloss abgebrannt war. Später diente es als Fabrikantenvilla. Im Hauptflügel mit seinen geschweiften Giebeln ist der Steinbau von 1600 noch teilweise erhalten. Es wurde jedoch immer wieder an- und umgebaut, was den kuriosen als Fluchttreppe konzipierten Betonturm erklärt. Nach dem Zweiten Weltkrieg machte der amerikanische Soldatensender AFN von hier aus Radio. Einer der ersten DJs war Bill Ramsey. In Frankfurt kam der Jazz in Schwung.

Schlossterrasse mit weißem Turm

Links um die Ecke passieren wir die schönen Fachwerkhäuser am 2 **Burggraben.** Das romantische Pflaster mit den historischen Straßenlaternen und den Blumenkübeln hat seinen Namen von dem etwa 10 Meter tiefer liegenden Wassergraben, der einst das Schloss schützte. Wer hier wohnt, kann täglich den Blick auf den weißen Turm mit seiner barocken Haube genießen. Viel mehr als dieser ist von der früheren Residenz der Mainzer Erzbischöfe nicht übrig geblieben. Der Burggraben mündet direkt auf den 3 **Schlossplatz –** das Herz der Höchster Altstadt. Gleich drei historische Gasthäuser bieten hier mit ihren gemütlichen Sommergärten regionale Spezialitäten an: Zum Schwan, Zum Bären und Alte Zollwache. Den lauschigen Blick auf den alten Zollturm, die Reste der Schlossanlage und eine mehr als 150 Jahre alte

Schlossplatz

Eiche vor dem Eingang zum Zollhaus gibt es gratis dazu. Verständlich, dass bereits Goethe auf seinem Weg zur Porzellanmanufaktur gern mal auf ein Gläschen sitzen blieb. Im Winter feiern die Höchster hier ihren Weihnachtsmarkt.

Wir schlüpfen zwischen dem Bären und dem Schwan hindurch, passieren das Alte Rathaus und stehen vor der ❹ **Justinuskirche.** Sie ist das älteste erhaltene Gebäude Frankfurts und wohl eine der ältesten Kirchen Deutschlands. Das Modell auf dem Justinusplatz weist auf die einstige karolingische Basilika hin. Baubeginn war um das Jahr 830! An ihrem Hauptportal präsentiert die Justinuskirche mit den Heiligen Antonius und Paulus von Theben bereits außen einen kulturhistorischen Schatz. Auch innen ist sie sehr sehenswert. Die barocke Orgel steht jedes Jahr im Zentrum des Höchster Orgelsommers. Ein verwunschenes Kleinod ist der Garten mit verwitterten Grabsteinen und allerlei Pflanzen. Hier wachsen Spitzwegerich, Eisenkraut, Drüsenwurz und mehr Kräuter aus der Heilpraxis der Antonitermönche (geöffnet ist der Garten von April bis Oktober, wenn auch die Kirche offen ist).

Über die **Badstubengasse** kommen wir zurück zur Bolongarostraße und stehen direkt vor dem 5 **Kronberger Haus,** einem ehemaligen Adelspalais. Bis zum Umzug in den Bolongaropalast ist hier das Höchster Porzellan Museum als Teil des Historischen Museums eingerichtet. Fans des weißen Goldes werden sich vor den Vitrinen kaum sattsehen angesichts der zahlreichen Fayencen und Figürchen aus Rokoko und Klassizismus. Als zweitälteste Porzellanmanufaktur Deutschlands geht die Höchster auf ein Privileg der Mainzer Kurfürsten zurück. Bis heute wird unter dem Logo des Mainzer Rads produziert. Die Manufaktur befindet sich 1 Kilometer entfernt in der Palleskestraße 32. Inzwischen ist sie eine Ausbildungsstätte der Hochschule für Gestaltung Offenbach.

Justinuskirche, Hauptportal

Vor der Stadtmauer

Über den **Allmeygang** gelangen wir zurück zum Schlossplatz. Von dort nehmen wir das Brückchen über den Burggraben und spazieren durch das hübsche Torhaus mit dem Fries des heiligen Martin zum 6 **Schlosshof.** Ein Café lädt zur Pause ein, der Schlosskeller wirbt mit Musikprogramm. Das Schloss selbst zählt zum Ensemble der Deutschen Stiftung Denkmalschutz. Von der Terrasse aus genießen wir einen grandiosen Blick hinunter zum Main und hinüber nach Schwanheim. Das macht uns Lust auf einen Perspektivwechsel. Zurück am Brückchen, steigen wir rechts eine Treppe zum Burggraben hinab. Von unten aus gesehen präsentieren sich die bunten Fachwerkhäuser

Mainfähre zwischen Schwanheim und Höchst

und das Neue Schloss wieder neu. Durch einen versteckten Durchgang in der Mauer finden wir hinaus ans Mainufer. Vor uns liegt ein Spielplatz, rechts markiert der Ochsenturm das Ende der Burgmauern. Hier am Ufer zeigt sich Höchst maritim. Nahe dem alten Ladekran lädt eine Bar im Sommer zu Cocktails und Snacks ein. Von den Liegestühlen aus kann man entspannt Frachtschiffe auf ihrem Weg von Bayern nach Holland zusehen.

Wir folgen der **Batterie,** wie der Weg am Mainufer entlang heißt. Oberhalb führt das Maintor, das einst den Zugang zur Stadt vom Fluss her sicherte, zurück auf den Schlossplatz. Wir folgen weiter dem Weg parallel zur Stadtmauer, die bald ein paar Meter lang mit einem Sandsteinfries verziert ist. Dieser Teil wird – nach einem Erzbischof – Isenburger Bastion genannt. Rechs von uns fließt der Main in Richtung Rhein. Die Fahrgastschifffahrt wirbt für eine Tour zur Loreley. Höchst, ahoi! Vielleicht setzt die 7 **Mainfähre „Walter Kolb"** gerade nach Schwanheim über. Seit 1623 pendelt hier eine. Sieben Gulden zahlte der erste Fährmann damals für das Privileg. Bis heute ist Frankfurts letzte

Fähre ein wichtiges Vehikel – nicht nur für den alltäglichen Nahverkehr. Wer zu Fuß oder mit dem Fahrrad entlang des Grüngürtels unterwegs ist, gelangt so auf kurzem Weg zur Schwanheimer Düne, die nach der letzten Eiszeit entstand (siehe grüne Seite 137 Geschützte Oasen).

Über das Geißenbrücklein wurden früher die Ziegen getrieben.

Wir spazieren weiter, an einem weißen Schiff mit Caféterrasse vorbei, auf die Niddamündung zu. Ein Hausboot lässt uns vom Wohnen am Fluss träumen, ein alter Kran mit Zahnrad erinnert an den historischen Hafen.

Dahinter führt uns das Geißenbrücklein nach Venedig – nein, zur 8 **Wörthspitze.** Genau hier auf der Wiese vor der Flussmündung will der Dichter und Zeichner Robert Gernhardt zum ersten Mal das Grüngürteltier gesehen haben (siehe grüne Seite 151 Grüngürtel). Wir flanieren noch ein wenig zwischen Main und Nidda und laufen über das Brücklein zurück. Von der Seilerbahn aus nehmen wir den Eingang

Wörthspitze, Geißenbrücklein

Wörthspitze, Hafenkran

zum 9 **Bolongarogarten hinauf zum Palast** – einem weiteren Highlight in Höchst.

Die barocke Anlage ist das Erbe der Brüder Josef Maria Marcus und Jakob Philipp Bolongaro. Die beiden Schnupftabakfabrikanten holten sich damit einen Hauch ihrer Heimat Italien an den Main. Ironie der Geschichte: Die Reichsstadt Frankfurt hatte den stinkreichen katholischen Bolongaros das Bürgerrecht verwehrt, weshalb diese auf Höchst auswichen, wo sie mit ihren Palastplänen auf fruchtbaren Boden stießen. Hier träumte Kurfürst Emmerich Josef von einer ganzen Barockstadt. Ihm zur Ehre erhielt der westliche Gartenpavillon seinen Namen. Darin verbirgt sich ein prunkvoll mit Stuck verzierter Trausaal, der zu den romantischsten Hochzeitsorten Frankfurts zählt. Im östlichen Pavillon wohnte und arbeitete die 2013 verstorbene Schauspielerin Rosemarie Fendel von Borsody. Wir stehen vor der Balustrade mit der Türkenkapelle und den hübschen Sphingen aus Sandstein, schauen aufs Wasser und träumen von der Heimat der Bolongaros: Unten liegt blau der Lago Maggiore …

Die Bruno-Asch-Anlage ist der einzige expressionistische Park Frankfurts und steht mit dem Bahnhof unter Ensembleschutz.

Im sanierten Palast soll ein Bürgermuseum einziehen, das die Geschichte der Fabrikantenfamilie Bolongaro und die kostbare Porzellansammlung neu präsentiert. Sommers wird der Garten dann wieder mit der Theaterreihe „Barock am Main“ bespielt. Wir schlüpfen durch ein Tor am rechten Gebäudeflügel zur Bolongarostraße hindurch und folgen dieser ein Stück nach links. Die Durchgangsstraße macht dort einen kleinen Knick. Ein kleines Tempelchen erinnert an die Stadtwaage. Wir biegen rechts in die 10 **Königsteiner Straße** ab. Diese war Teil einer langen Chaussee hoch zum Taunus, aber hier, am unteren Ende, ist sie eine verkehrsberuhigte Einkaufsstraße. Mit einem Zwinkerauge nach Düsseldorf nennen die Höchster ihre Shoppingmeile „Kö“. Wir bummeln über den bunten Mosaikboden mit dem Wappenlogo und gehen vom Verkehrskreisel aus an der Bruno-Asch-Anlage entlang zum Bahnhof zurück.

Bolongaropalast

10

Start/Ziel: Schelmenburgplatz, Frankfurt am Main
Länge: ca. 2 Kilometer
Dauer: ca. 1,5 Stunden
ÖPNV: Haltestelle Marktstraße/Landgraben
Parken: Schelmenburgplatz, 60388 Frankfurt am Main

UNTERWEGS ENTDECKT

1. Schelmenburg
2. Weißer Turm
3. Günthersbrunnen
4. Altes Rathaus
5. Nikolauskapelle
6. Stadtschreiberhaus
7. Ev. Laurentiuskirche
8. Stolpersteine

ESSEN + TRINKEN

Auf der Marktstraße gibt es zahlreiche Lokale.

Zur Alten Post, Marktstraße 50, 60388 Frankfurt am Main, Tel. (0 61 09) 2 24 21, gaststaette-zur-alten-post.metro.rest (Bergens letztes Traditionslokal, deftige Hausmannskost)
Eis Café Cristallo, Marktstraße 47, 60388 Frankfurt, Tel. (0 61 09) 2 17 03 (leckere Eiskreationen im 1970er-Ambiente)

BERGEN-ENKHEIM

Schelme, Stadtschreiber und schöne Aussichten

Woher der Ortsname Bergen kommt, liegt auf der Hand. Menschen haben schon immer gern auf Höhen gewohnt. Mittelalterliche Festung der Grafschaft Hanau, kurhessischer Marktflecken, eigenständige Stadt: Bergen-Enkheim wurde in der Geschichte hin und her geworfen, bevor es 1977 im Doppelpack nach Frankfurt eingemeindet wurde. Beide Teile sind wie ein altes Ehepaar miteinander verbunden. Heute zählt der Stadtteil mit dem Bindestrich etwa 18.000 Einwohner – und damit zu den beliebtesten. Das liegt wohl am Erbe der Schelme und einer besonderen Literaturszene. Seit 1974 wird hier der Stadtschreiberpreis verliehen.

Wir starten an der ❶ **Schelmenburg,** die der „Berjer" liebevoll Wasserschlösschen nennt. Die Quelle des Schelmenborns speist den Graben, in dem Fische schwimmen. Links vor dem Brückchen stehen zwei mystische, etwas gespenstisch erscheinende Bronzefiguren: ein Kapuzenmann mit Kutte und Seil, daneben ein buckeliges altes Weib. Haben so die Schelme von Bergen ausgesehen? Erst einmal kommt uns Heinz Erhardt in den Sinn: „Was bin ich doch heute wieder für ein Schelm!" Aber um Witzbolde geht es hier nicht. Zunächst waren die Schelme alte Rittersleut, der Ortsadel von Bergen. Um das Jahr 1200 tauchen sie in alten Urkunden auf. Ihr Stamm verzweigt sich bis in den Taunus, Odenwald und Spessart. Als Reichsdienstmannen waren sie so etwas wie die Bodyguards der Könige und Kaiser. Sie schützten das Umfeld der Frankfurter Kaiserpfalz und den Reichsforst Dreieich. Später mussten sie als Vasallen den Grafen von Hanau dienen. Manch einer wie der Raubritter Gilbrecht ging als „Pest von Bergen" in die Annalen ein.

Schelmenburg, Sandsteinportal

10 BERGEN-ENKHEIM

Schelm von Bergen und Kräuterweib

Die Schelme hatten in Bergen zunächst eine Turmburg aus Holz gebaut. Um 1700, als die heutige Burg entstand, erlebte das Adelsgeschlecht seine Blütezeit. Friedrich Adolph von und zu Bergen, der im Giebel über dem Eingangsportal mit seiner Frau Anna Margaretha Friderica von Venningen verewigt ist, hatte es weit gebracht. Zunächst Burgbaumeister in Friedberg, wurde er Regierungsrat unter den Pfalzgrafen in Heidelberg und hoher Verwaltungsbeamter in Stromberg bei Bingen. Sein Hofgut umfasste Äcker, Wiesen und Weinberge bis nach Seckbach. Nach der Mode der Barockzeit ließ er um das Anwesen einen Lustgarten anlegen, von dem die Rosenbeete vor uns nur ein Düftchen vermitteln können. Der lateinische Spruch über den Namen der Hausherren meint, dass der Gast „glücklich und gesegnet sei". Heute richtet sich der Willkommensgruß an Musikschüler und Vereinsmitglieder.

Schelm, althochdeutsch scelmo oder scalmo, bedeutete Aas, Pest, Seuche. So erklärt sich die große Projektionsfläche für Geschichten, die den Schelm von Bergen zum Henker machen. Erste Quelle ist eine volkstümliche Sage, die in der Fassung von Conrad Weil alle vier Jahre als Freilichttheaterstück vor der Schelmenburg lebendig wird. Etwa 50 Laienspieler wirken mit, wenn Kaiser Barbarossa mit Gefolge nach Frankfurt kommt und der Scharfrichter von Bergen, ermuntert von einem Kräuterweib – so erklären sich die Bronzefiguren –, als Ritter verkleidet ein Tänzchen

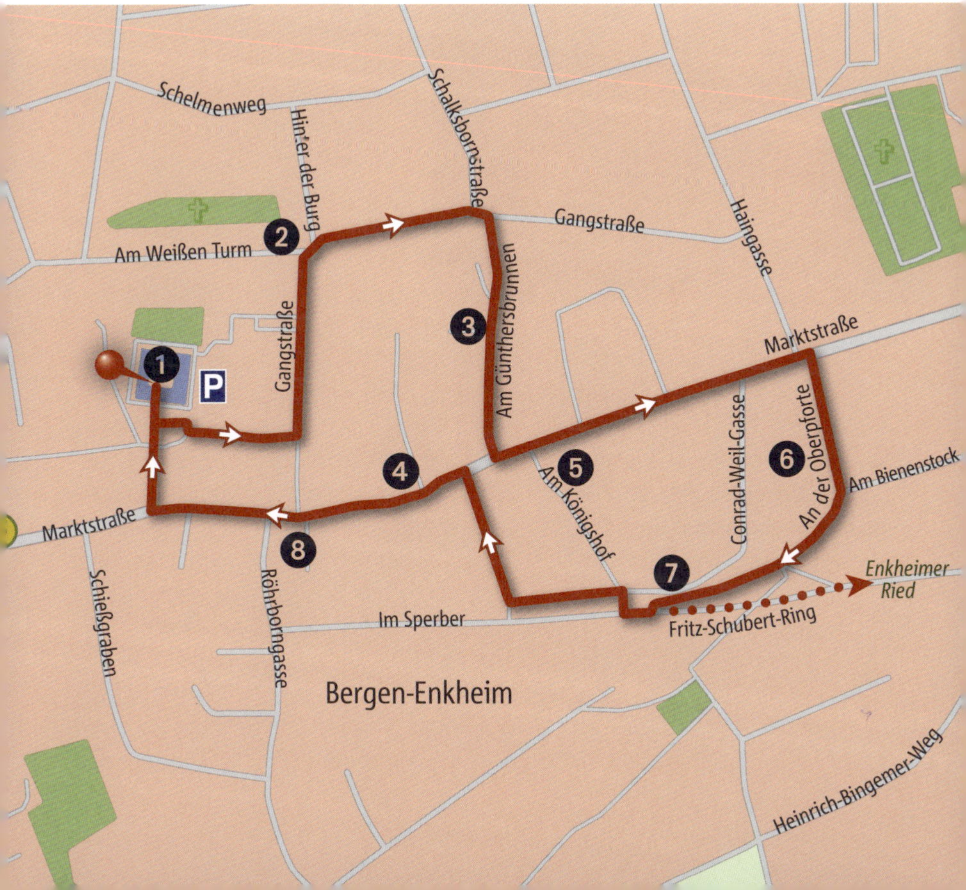

mit der Kaiserin wagt. Als die Sache herauskommt, ist die Empörung groß. Der Henker scheint verloren, die Ehre der Kaiserin aber auch. Da holt der Kaiser gnädig zum Ritterschlag aus und es gibt ein Happy End. Viele bekannte Schriftsteller haben sich die Sage vorgenommen, darunter Heinrich Heine, Carl Zuckmayer und Mark Twain, dem der Schelm auf seiner Europareise begegnete. Er verstand die Sage als Spottlied auf den niederen Adel und setzte „The Knave of Bergen" in seinem 630 Seiten langen Reisebericht „A Tramp abroad" ein Denkmal.

Weißer Turm

Auch wir reisen weiter – in die Welt der Literatur. Am anderen Ende der Stadthalle, die in den späten 1970er-Jahren erbaut wurde, liegt der Eingang zur Buchhandlung „Bergen erlesen". Der von Anna Doepfner geführte Laden erhielt bereits mehrfach für seine Verdienste um das Kulturgut Buch den Deutschen Buchhandlungspreis. Er ist Treffpunkt für alle, die gern lesen und diskutieren – besonders dann, wenn der Name des neuen „Stadtschreibers von Bergen" die Runde macht. Seit 1974 wird der Literaturpreis jährlich an deutschsprachige Autorinnen und Autoren vergeben. Die Liste der prominenten Namen reicht von Wolfgang Koeppen, Peter Rühmkorf, Peter Härtling, Ulla Hahn und Eva Demski bis zu Anne Weber, Dorothee Elmiger, Nino Haratischwili und José F.A. Oliver.

Die Literaturnobelpreisträgerin Herta Müller war 1995/96 Stadtschreiberin von Bergen.

Einzigartig in der Literaturszene: Der Preis wird, jeweils zum Auftakt des Berger Marktes, in einem Festzelt verliehen, in dem tags darauf die Apfelweinkönigin gekrönt wird.

Übers Jahr gibt es Lesungen, die dazu beitragen, dass Bergen-Enkheim als Frankfurts „literarischster" Stadtteil eine eigene Marke setzt. Veranstalter ist die Kulturgesellschaft Bergen-Enkheim.

Hinter dem Stadthallenkomplex biegen wir links ab und folgen der **Gangstraße** bis zum 2 **Weißen Turm.** Etwa 15 Meter hoch, ist er der letzte Backenzahn der mittelalterlichen Festung. Bergen hatte zwei Tortürme, drei Helmtürme, sechs Rondelle und eine 6 Meter hohe Mauer. Mächtig für ein kleines Dorf. Die Grafen von Hanau wollten an der Grenze zur freien Reichsstadt klare Kante zeigen, was den Frankfurtern wenig gefiel. An den unverputzten Stellen des Turms sieht man, wo die Wehrmauern anschlossen. Im Sturz der oberen Tür steht die Jahreszahl 1472. Vermutlich diente der Turm auch als Verlies für Gefangene, die im nahen Rathaus verurteilt und später am Galgen nahe der Berger Warte (siehe Route 11 Der Lohrberg, Seite 138) hingerichtet wurden. Die kleinen Schädel und Knochen, die zu sehen sind, wenn der Turm bei Führungen aufgeschlossen wird, gehörten wohl eher Nagetieren. Wir treten ein paar Schritte zurück und fragen uns, warum ein Wohnhaus so dicht an diesem Turm steht. Die Berger sind eben Schelme: Der Bürgermeister hatte den Bauherren versprochen, der letzte Turm werde ohnehin abgerissen. Eilig verfügte die Kreisverwaltung Hanau: Er bleibt stehen.

Günthersbrunnen

Wir folgen der Gangstraße, die wie die alte Wehrmauer um die Ecke verläuft, nach rechts und biegen wieder rechts in die Straße **Am Günthersbrunnen** ein. Sie ist nach einem historischen Brunnen benannt, der noch am angestammten Platz vor einem Fachwerkhaus steht. Bevor Wasser aus dem Hahn floss, zogen die Berger es aus Eimern nach oben. Der 3 **Günthersbrunnen** markiert eine Station des Quellenwanderwegs zwischen Seckbach und Bergen-Enkheim. Am Ende der Gasse stoßen wir auf die **Marktstraße,** die im Sommer als Gastro-Meile mit Terrassenplätzen vor Pizzeria, Grieche und Eiscafé zum Aufenthalt einlädt. Gegenüber hält das Lokal Zur Alten Post – ja, Bergen hatte eine eigene Poststation! – die lange Tradition der Apfelweinwirtschaften wach. Die älteste Schänke des Ortes soll das Fachwerkhaus Nummer 46 gewesen sein, erkennbar an den schrägen Guckfenstern rechts und links der Tür. Mit Kerzen wurde den angeschwipsten Gästen heimgeleuchtet. Wo die Marktstraße eng wird, steht das 4 **Alte Rathaus,** Sitz des Heimatmuseums. Nach jahrelanger Denkmalsanierung soll es mit neu gestalteten Ausstellungen wieder Besucher anlocken. Das Fachwerkgebäude, eines der ältesten Rathäuser im Rhein-Main-Gebiet, prägt das Ortsbild.

Fachwerk in der Marktstraße

Das Alte Rathaus wurde kurz nach 1300 als „Spilhus" erbaut und diente als Markthalle.

Bergen lag an der alten Handelsstraße Via Regia, die im Abschnitt zwischen Main- und dem Niddertal Hohe Straße hieß, und besaß das Stapelrecht. Reisende Händler durften ihre Waren für eine gewisse Zeit lagern und zum Verkauf anbieten. Ab 1484 bekam das als Spilhus gebaute Haus eine neue Bestimmung: Es wurde Rathaus und Haupt- und Verwaltungszentrum für 16 Dörfer des Amtes Bornheimer Berg. In dieser Zeit wurde die gotische Halle im Stil der bäuerlichen Spätrenaissance aufgestockt. Von dem kleinen Vorbau aus rief der Gemeindediener Neuigkeiten aus. An der westlichen Fassade hängt ein Fratzenstein. Die Figur mit Schweinsohren mitsamt Inschrift „Far du Gauch“, was übersetzt so viel heißt wie „Verschwinde du Gaukler“, sollte Bettler und Hausierer vertreiben – wieder mal eine schelmische Idee. Das inspirierte Robert Gernhardt, 1991 zum Stadtschreiber gekürt, zu der Satire „Die Ballade vom Berger Fratzenstein und seine fatalen Folgen“.

Wir folgen der Marktstraße weiter nach Osten bis zur Kreuzung **Am Königshof.** Der Straßenname erinnert an die fränkische Zeit, als die Kaiser vom Sattel aus regierten und mit ganzem Tross zu ihren Pfalzen, wie dem Saalhof in Frankfurt, anreisten. Damit alle satt wurden, übernahmen Königshöfe die Versorgung. Im Spätmittelalter gingen Teile davon an das Zisterzienserkloster Haina, das auf den Mauern eines Kirchleins um 1524 die 5 **Nikolauskapelle** errichten ließ. Sie wurde irgendwann nicht mehr für Gottesdienste benötigt. Man funktionierte sie zur Scheune um. An der Fassade zur Marktstraße sehen wir noch den Umriss des Tors. 1984 kaufte die Stadt Frankfurt das Gebäude und ließ es sanieren.

Nikolauskapelle

Heute ist die Nikolauskapelle ein Ort der Kultur und mit Trausaal eine Hochzeitslocation.

Noch ein Stück weiter der Marktstraße folgend, zweigt rechts die Straße **An der Oberpforte** ab. Dort biegen wir ein. Wie der Name vermuten lässt, verließ man hier die Festung nach Osten in Richtung Hanau. Wir gehen bergab bis zu einem weiß verputzten Häuschen mit der Hausnummer 4: das 6 **Stadtschreiberhaus.** Hier dürfen die Schriftsteller jeweils ein Jahr kostenfrei logieren

Stadtschreiber José F. A. Oliver

Sonnenuhr an der Laurentiuskirche

und arbeiten, außerdem gibt es ein Preisgeld von 20.000 Euro. Zum Ritual gehört, dass jede Stadtschreiberin, jeder Stadtschreiber sein Namensschild an das Haus schraubt. Die Zahl der Schilder hat inzwischen die Marke 50 überschritten. Beim Blick in den Hof sehen wir Reste der alten Stadtmauer und einen Ginkgobaum, den Peter Härtling mit Schulkindern gepflanzt hat. Häuschen und Höfchen wurden immer wieder literarisch verewigt.

Wir spazieren weiter im Bogen durch die Oberpforte, an Gärten vorbei bis zum **Fritz-Schubert-Ring.** Unterhalb der evangelischen 7 **Laurentiuskirche** wurde ein Teil Stadtmauer mit Rondell rekonstruiert. Ein kleiner Durchbruch erinnert an das Mainzer Pförtchen, durch das die Mönche auf kurzem Weg in die Weinberge gelangten. Spätestens hier offenbart Bergen seine besondere geografische Lage. Unter uns liegt der Berger Hang, in der Ferne schauen die Kuppen von Odenwald und Spessart hervor. Eine Baumelbank lädt zum Lockern von Beinen und Seele ein. Da wundert es wenig, dass sich das Hotel direkt vor uns „Schöne Aussicht" nennt. Bereits um 1900 war es ein beliebtes Ausflugsziel der Frankfurter. Sonntags fuhren reihenweise Kutschen vor – auch wegen des Zwetschenkuchens.

Von der Straße Im Sperber gehen wir rechts durch Alt-Bergen auf die Marktstraße zurück. Unterhalb des Alten Rathauses geht es links auf einen Parkplatz, an dessen Ende ein klassizis-

Auf dem Grüngürtel-Rundwanderweg

tisches Gebäude steht. Es wurde 1844 als Volksschule gebaut und beherbergt heute Bürgeramt, Stadtschreiberarchiv sowie eine Ausstellung über das jüdische Leben in Bergen-Enkheim, das mit eigener Elementarschule und Synagogen ein reges Leben war. Beispielhaft für viele jüdische Wohn- und Geschäftshäuser steht die Adresse **Röhrborngasse 1,** heute ein Lädchen, an der Ecke zur Marktstraße. ⑧ **Stolpersteine** vor dem Haus erinnern an die Kaufmannstöchter Jenny und Frieda Hahn, die am 30. Mai 1942 mit einem „Sammeltransport“ über Hanau ins Vernichtungslager Sobibor verschleppt wurden.

Der Berger Hang zählt zur größten zusammenhängenden Streuobstwiesenfläche in Hessen.

Wir wechseln an der Ampel die Straßenseite, um zum Schluss noch das Haus Marktstraße 34 in den Blick zu nehmen. Die Grafen von Hanau ließen es 1724 als Amtshaus erbauen. Es diente zu Verwaltungszwecken und verfügte auch über Schlafzimmer. Prominentester Gast war der englische König George II., der 1743 hier übernachtete, während sein Heer unten in der Enkheimer Leuchte lagerte. Die Nachtruhe muss ihm gut bekommen sein. George siegte in der Schlacht bei Dettingen am Main über die Franzosen. Um den Triumph gebührend zu feiern, ließ er Georg Friedrich Händel ein „Te Deum“ komponieren, das bis heute im Londoner Königshaus gespielt wird. Das hätte den Schelmen sicher gut gefallen, deren Burg wir auf kurzem Weg wieder erreichen.

Gedenktafel für jüdische Bürger

Aussicht auf den Riedteich

GESCHÜTZTE OASEN – DAS ENKHEIMER RIED

In Frankfurt gibt es sieben Naturschutzgebiete, drei davon liegen in Bergen-Enkheim. Das kleinste ist das Mühlbachtal. Die anderen beiden, Berger Hang und Enkheimer Ried, lassen sich gut zusammen erkunden. Wo früher ein Altarm des Mains mäanderte, präsentiert sich heute eine einzigartige Landschaft aus Wasser, Wald und Streuobstwiesen. Würdevoll gealterte Obstbäume und ein dschungelartiges Ufer umsäumen den Riedteich – viel Lebensraum für bedrohte Tiere und Pflanzen.

Wie kommt man ins Enkheimer Ried? Von der Ortsmitte Bergen aus fährt der Bus Linie 42 bis Riedbad. Vom Parkplatz am Freibad, Fritz-Schubert-Ring 2, geht man in Richtung Sportplatz.

Für alle Naturschutzgebiete gilt: Auf den Wegen bleiben, Hunde anleinen, Tiere nicht stören, keine Pflanzen pflücken und Müll bitte mitnehmen!

Führungen: hessen-storys.de

11

Start: Berger Warte, Am Galgen, 60389 Frankfurt am Main
Ziel: Mainäppelhaus, Klingenweg 98, 60389 Frankfurt am Main
Länge: ca. 3 Kilometer
Dauer: ca. 1,5 Stunden
ÖPNV: Haltestelle Berger Warte; Rückkehr zum Ausgangspunkt ab Haltestelle Budge-Stiftung, Wilhelmshöher Straße
Parken: Parkplatz Jüdischer Friedhof II, Kreuzung Am Galgen/Bundesstraße 521

UNTERWEGS ENTDECKT

1. Berger Warte
2. Ehrensäule
3. Patenbäume
4. Klingenborn
5. Weinberg
6. Kastanienrondell
7. Mainäppelhaus

ESSEN + TRINKEN

Mainäppelhaus, Klingenweg 90, 60389 Frankfurt am Main,
Tel. (0 69) 47 99 94, mainaeppelhauslohrberg.de
(Snacks und selbst gekelterter Apfelwein und -saft unter Walnussbäumen, Hofladen und Naturerlebnisgarten)

Lohrbergschänke, Auf dem Lohr 9, 60389 Frankfurt am Main,
Tel. (0 69) 90 47 67 85, lohrberg-schaenke.de
(Regionale herzhafte Küche mit neuen Ideen, herrlicher Panoramablick)

DER LOHRBERG

Von der Streuobstwiese zum Weinberg

Am höchsten Punkt von Frankfurt liegt ein besonders schöner Teil des Grüngürtels. Von der Berger Warte geht es querfeldein durch Felder und Wiesen, wo der Apfelwein wächst, zu Frankfurts letztem Weinberg auf dem Lohrberg, wo der Riesling reift. Unterwegs bieten sich grandiose Ausblicke auf Taunus, Spessart, Odenwald – und die Stadt im Tal. Zwischendurch gibt es versteckte Schauplätze der Lokalgeschichte zu entdecken. Hier stand ein Galgen, zogen Händler auf der Hohen Straße durch, lagerten Soldaten zum Schutz des Kaisers. Dem Murmeln des Klingelbachs folgend, kommt man zum Lohrpark, der über das ganze Jahr fasziniert.

Wie Schlumpfhausen hinter der Dornröschenhecke versteckt sich die 1 **Berger Warte** in einem Wäldchen. Je nach Jahreszeit, wenn die Äste weniger Laub tragen, sieht man ihr kegelförmiges Sandsteinmützchen von der Straße aus. Wir starten unsere Tour an der Kreuzung der B 521 zur Straße Am Galgen. Von dort sind es ein paar Schritte bis zum Turm, der auf 212 Metern Höhe thront. Hier stehen wir auf dem höchsten Punkt Frankfurts! Das liegt an der geografisch herausragenden Lage. Das Maintal steigt langsam über den Berger Rücken zur Wetterau hin an. Überhaupt ist vieles, das wir entdecken, nach dem nahen Stadtteil Bergen benannt, obwohl wir ausnahmslos auf Seckbacher Gemarkung unterwegs sind.

Auf dem Weg zur Warte schauen wir über die B 521 hinweg zum Jüdischen Friedhof, der oberhalb des Vilbeler Waldes neben einem Parkplatz liegt. Der Friedhof wurde 1925 als zweiter für die Gemeinde Bergen-Enkheim angelegt. Etwa zehn Grabsteine sind noch vorhanden. Gen Osten verläuft die Hohe Straße. Der heutige Freizeitweg beschreibt eine Teilstrecke der Via Regia, der uralten Heer- und Handelsstraße von Santiago de Compostela nach Kiew. Es ist dieser Lage geschuldet, dass der höchste Punkt Frankfurts

Berger Warte

immer wieder in die Geschichtsbücher einging. „Hinner der Waart hört die Welt uff", dachte der Weltstädter vorzeiten selbstverliebt. Markierten doch Tortürme wie Friedberger, Sachsenhäuser, Bockenheimer und Gallus-Warte entlang der Landwehr, einem Hecken-Graben-System, lange Zeit die Grenze. Sie waren die Skyline von damals. Die nur 12 Meter hohe Berger Warte zählt nicht zu dieser Turmfamilie. Sie war ursprünglich aus Holz gebaut und wurde bereits 1340 als „Gyriswarte", Geierswarte, erwähnt. Die Grafen von Hanau errichteten sie als Beobachtungsposten und Geleitwechselstation an der **Hohen Straße.** Wenn ein Wagenzug das Frankfurter Gebiet verließ und in die Grafschaft Hanau einfuhr – oder umgekehrt – begleiteten berittene Knechte die reisenden Händler. Gern mal wurde ein Wagen überfallen oder kam aus der Bahn. Das Geleit gab es freilich nicht für lau.

Die Hanauer hatten das kleine, an der Grenze zur großen Reichsstadt liegende Bergen im Mittelalter zu einer Festung ausgebaut und den Verwaltungssitz für 16 umliegende Dörfer im Rathaus eingerichtet. Dazu zählte auch ein Hohes Gericht, das Todesstrafen aussprechen durfte. Vollstreckt wurden diese an der Berger Warte. Die Verurteilten wurden im Karren aus dem Verlies im Weißen Turm (siehe Route 10

Bergen-Enkheim, Seite 126) hergebracht. Hier stand, von Weitem zu sehen, ein Galgen aus drei Sandsteinsäulen und Eichenbalken, über die Stricke geführt wurden. Man nannte ihn „dreischläfrig", weil daran drei Menschen gleichzeitig hängen, also „schlafen" konnten. Die Gehenkten baumelten zur Abschreckung oft wochenlang am Strick.

Ein wenig Grusel von damals überfällt einen, wenn man die Treppe am Turm hinaufsteigt, denn sie wurde Mitte des 19. Jahrhunderts aus den Steinen des Galgens gemauert.

Wir verlassen den einstigen Dunkelort durch die Sträucher hinaus zum freien Feld, um uns der nächsten schaurigen Geschichte zu widmen. Mit dem Umspannwerk im Rücken reisen wir ins Jahr 1759 und landen im Siebenjährigen Krieg. Ganz Europa hatte sich mächtig in der Wolle und der höchste Punkt Frankfurts bot den Schauplatz für eine blutige Schlacht. Es war

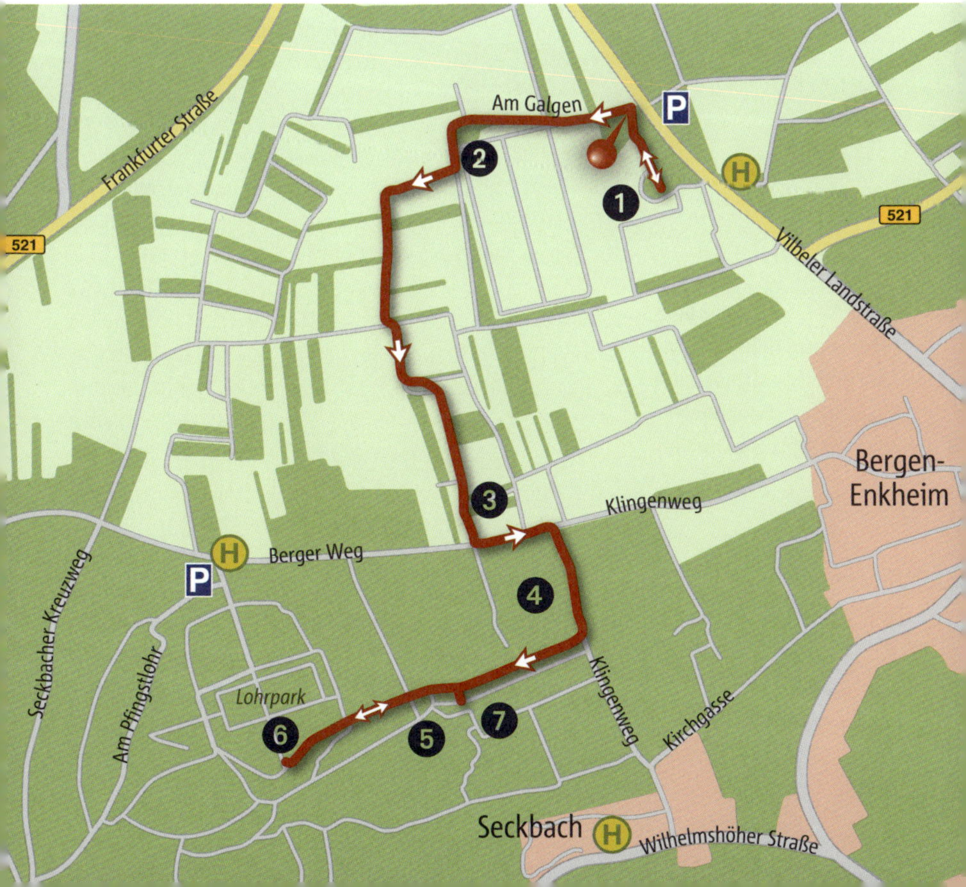

11 DER LOHRBERG

Ehrensäule für Kaiser Leopold II.

neblig an jenem frühen Morgen des 13. Aprils. Von Westen kommend, hatten sich die Franzosen mit 35.000 Mann mitsamt Kanonen in Stellung gebracht. Von Osten her kamen die preußischen Truppen – ein bunt zusammengewürfelter Haufen Söldner, die von England bezahlt wurden. Ihr Anführer Herzog Ferdinand von Braunschweig hatte sie vier Tage und Nächte durchmarschieren lassen. Völlig erschöpft trafen die Soldaten auf die ausgeruhten Gegner. Keine Frage, wer den Sieg davontrug. Bereits am Mittag waren 4000 Kanonen- und 300 000 Gewehrkugeln abgefeuert. Mehr als 6000 Tote lagen auf dem Feld. Die Hälfte der Soldaten fiel direkt, andere verreckten elendig an Wundbrand oder Blutverlust. So ging der 13. April 1759 als **Blutiger Karfreitag** in die Annalen ein.

Das Bild der Ehrensäule hat es um 1900 auf eine Ansichtskarte geschafft: „Gruß aus Seckbach", umrahmt von Obst.

Wir gehen über die Warte zurück zur Straße Am Galgen und biegen links ab, passieren ein Wohnhaus und nehmen rechts vom Umspannwerk einen schmalen Trampelpfad zwischen Gehölz und Acker. In der Ferne streckt sich, mal unter blauem Himmel, mal im grauen Dunst, breit der Taunus aus. Am Ende des Zauns erreichen wir gleich links um die Ecke einen weiteren versteckten Schauplatz der Lokalgeschichte. Von bemoosten Holzbänken umrahmt, steht auf einer kleinen Grünanlage eine ❷ **Ehrensäule,** die Kaiser Leopold II. gewidmet ist. Anlässlich seiner Krönung am 9. Oktober 1790 hatte Landgraf Wilhelm IX. von Hessen-Kassel hier ein Lager mit mehr als 6000 Soldaten aufschlagen lassen, um den Gästen militärischen Schutz bieten zu können. Man schrieb das Zeitalter der Französischen Revolution. Doch es blieb ruhig. Neun Monate später wurden in den umliegenden Dörfern auffällig viele uneheliche Kinder geboren. Ein Pfarrer schrieb ins Taufbuch: Der „... unbekannte Vater soll ein Soldat aus dem Lustlager bei Bergen gewesen sein". So hat das Camp bis heute seien Namen weg.

Der Landgraf hatte sich für seine Dienste die Kurwürde erhofft, erhielt aber nur eine Medaille. 1803 wurde er erster Kurfürst von Hessen und ging als Wilhelm I. mit Mätressenwirtschaft und Soldatenhandel in die Annalen ein. In der Löwenburg in Kassel-Wilhelmshöhe liegt er begraben. Die Ehrensäule von Bergen verrät in lateinischer Schrift die Gäste, die sein „Lustlager" besuchten: Kaiser Leopold II. nebst Gemahlin, österreichische Erzherzöge, die Prinzessin von Polen, der König beider Sizilien und so fort.

Apropos, jetzt wird es endlich Zeit, sich dem Obst zu widmen. Wir sind schließlich im **Grüngürtel,** der hier, im Nordwesten der Stadt, aus Äckern und Streuobstwiesen besteht. Von der Säule aus gehen wir links und sehen rechts vom Umspannwerk eine kleine Doppelreihe Obstbäume, durch die wir wie durch eine Allee spazieren. Zwischen alten stehen neu angepflanzte Gehölze. Mit etwas Glück treffen wir einen der Paten, die ein Stück Wiese gegen Nutzung pflegen. Viele Eigentümer können sich nicht mehr um die Bäume kümmern. Andererseits möchten Menschen, die natur- und umweltbewusst denken, gern in der Natur sein. Der Verein **Mainäppelhaus Lohrberg Streuobstzentrum** bringt beide Seiten zusammen. In Kursen lernen die Paten, wie man die Bäume schneidet und das Gras darunter mit der Handsense mäht. Denn das ist der doppelte Sinn der Streuobstwiese: Oben Obst ernten, unten Heu, also Einstreu für die Viehställe gewinnen.

Apfelblüte auf dem Lohrberg

Frühlingsstimmung auf dem Lohrberg

Am Ende der Obstbaumreihe gehen wir links, queren ein Feld und halten uns wieder links. Manchmal riecht es nach Landwirtschaft. Im Frühling liegt der Duft der Obstblüten in der Luft. Dann trägt der Lohrberg sein Hochzeitskleid. Ohne Streuobstwiesen ist das Landschaftsbild der Rhein-Main-Region von der Taunusebene bis zum Vogelsberg und der Rhön nicht vorstellbar. Seit Jahrhunderten stehen sie für Obstkultur. Die Produkte, allen voran der Apfelwein, schaffen regionale Identität. Darüber hinaus bieten die Wiesen Lebensraum für bedrohte Vögel wie den Steinkauz, für Fledermäuse und die Insektenwelt.

Seit 2021 sind Streuobstwiesen immaterielles Kulturerbe, anerkannt von der deutschen UNESCO-Kommission.

Wir gehen an knorzigen Apfelbäumen, Brombeerhecken und Reisighaufen vorbei und biegen rechts auf den nächsten Feldweg ab. Über den Äckern taucht die Frankfurter Skyline auf, rechts davon hält der Fernmeldeturm Abstand. Mit 337 Metern Höhe ist er nach dem Berliner Fernsehturm der zweithöchste Deutschlands. Der Volksmund hat ihm den Kosenamen „Ginnheimer Spargel“ verpasst, obwohl er im Stadtteil Bockenheim steht. „Frankfurt stickt voll Merckwürdigkeiten“, hat Goethe schon gewusst.

Nach einem Feld mit bienenfreundlichen Wildkräutern erreichen wir die ersten Kleingärten. Wie kleine Inseln liegen sie eingezäunt inmitten der weiten Flur. Ein abgestorbener Baum, fast bis zur Rinde abgemagert, wacht wie eine Skulptur vor einem Gartentor. Dem Weg folgend, kommen wir an einer Reihe junger 3 **Patenbäume** vorbei, an denen Namensschilder hängen. Familien haben sie zur Hochzeit, Taufe oder zum Geburtstag in den Boden gepflanzt. Das Mainäppelhaus organisiert die Aktion. Kurz bevor wir den asphaltierten Berger Weg erreichen, sehen wir rechts eine Gruppe alter Apfelbäume, in denen Nistkästen hängen. Gut zu wissen: Wer ohne Erlaubnis Obst pflückt, ist schlicht ein Dieb. Mundraub gibt es als Strafbestand nicht mehr.

Wir gehen links den **Klingenweg** hinunter. An der Ecke fällt uns ein liebevoll gestalteter Garten mit Holzhaus ins Auge – ein Hauch von Villa Kunterbunt auf dem Lohrberg. Weiter bergab hören wir einen Bach murmeln. Der 4 **Klingenborn,** der hier aus dem Rohr plätschert, wird aus einer der Schichtquellen gespeist, die aus dem Hang hervortreten. Sie spendeten Trinkwasser und trieben Mühlen an. Wir kreuzen hier den Quellenwanderweg, der 19 Stationen zwischen Seckbach und Bergen-Enkheim verbindet (siehe Route 10 Bergen-Enkheim, Seite 126).

Ein Hauch von Villa Kunterbunt

Herbststimmung auf dem Lohrberg

11 DER LOHRBERG

Ein kurzes Stück weiter nimmt uns rechts eine Walnussbaumallee auf. Links davon liegt der Erlebnisgarten des Streuobstzentrums Mainäppelhaus, unser Ziel. Doch vorher noch wollen wir den Lohrpark besuchen, das Herzstück des Lohrbergs. Er empfängt uns hinter dem Wäldchen mit einem 5 **Rebenhang,** als wolle er sagen: Willkommen im Rheingau! Tatsächlich liegt hier der östlichste Zipfel des weltberühmten Anbaugebiets – nicht geografisch, sondern weinwirtschaftlich betrachtet. Als eine von wenigen deutschen Großstädten besitzt Frankfurt noch einen eigenen Weinberg innerhalb des Stadtgebiets. An diesem sonnenverwöhnten

Weinberg im Frühling und im Winter

Hang werden seit dem Mittelalter Trauben geerntet. Einst erstreckte sich ein einziges Rebenmeer von Bornheim über Seckbach und Bergen bis nach Maintal. Dann läuteten Reblaus, Mehltau und die Industrialisierung das Ende ein. 1905 wurde die Weinlese zum letzten Mal als Volksfest gefeiert.

Auf dem letzten Rebenhang wachsen die Trauben für den Riesling „Frankfurter Lohrberger Hang", von dem rund 10.000 Flaschen jährlich abgefüllt werden. Der größte Teil des 25 Hektar großen städtischen Weinguts mit denkmalgeschützten Gebäuden liegt in Hochheim am Main. Inzwischen wird ökologisch nachhaltig produziert. Die Frankfurter Weine werden in der Vinothek in der Limpurgergasse 2 (siehe Route 1 Neue Altstadt und Römerberg, Seite 8), und im Hofladen am Mainäppelhaus verkauft oder auch als Schoppen in der Lohrbergschänke ausgeschenkt.

Pilgern gefällig? Immer dem Schild mit dem grünen L nach. Seit 2017 führt der Lutherweg 1521 durch den Lohrpark.

Wir gehen weiter, am Spielplatz mit Planschbecken vorbei, und genießen von den Bastionen aus ein Panorama, das nur der Lohrberg bieten kann. Der Blick reicht weit über die Dächer der Mainmetropole hinaus. Links erstreckt sich der Spessart, weiter rechts tauchen die Kuppen der Bergstraße auf. Unten ragt ein Schlot über Fechenheim (siehe Route 12 Fechenheim, Seite 152) heraus. Der Blick hinüber nach **Offenbach** hält am 120 Meter hohen City Tower fest. Irgendwo dazwischen schaut der spitze Kirchturm von Seckbach hervor. Wir folgen der Kurve ums Kastanienrondell zur Liegewiese. Hier bietet sich der beste Blick auf die Skyline. Weiter rechts, wie ein Bleistift, steht der Messeturm. Der Lohrpark fasziniert zu allen Jahreszeiten. Im Frühjahr lockt die Obstbaumblüte, im Sommer kann man grillen und picknicken, im Herbst Drachen steigen lassen und im Winter bei Schnee rodeln.

Der Lohrpark wurde in den 1920er-Jahren als Volkspark angelegt, seit 1986 steht er unter Denkmalschutz. Der damalige Gartenbaudirektor Max Bromme plante großzügige Grünflächen, auf denen Großstadtkinder nach Herzenslust toben konnten. Nach dieser Idee war bereits der Ostpark entstanden. Vom Parkplatz her führt eine Kirschbaumallee

Blütenfest am Mainäppelhaus

zum Park, beiderseits liegen Kleingärten. Man schuf hier zum ersten Mal einen Volkspark mit Parzellen zur Selbstversorgung. Die Wegachsen durch die Spielwiesen sind noch wie früher. Zentrum ist das 6 **Kastanienrondell.** Oberhalb des Weinbergs führt uns der Weg zurück zum 7 **Mainäppelhaus.** Ehemals als Beratungsgarten angelegt, ist es heute ein Streuobstzentrum mit Bistro, Hofladen und Umweltpädagogik. Hier erfährt man alles über Äpfel, alte Sorten und was daraus werden kann. Zwischen den Obstbäumen laufen Hühner herum, am Teich gibt es Molche zu entdecken, Kräuterbeete laden zum Schnuppern ein. Mit einem Glas Apfelwein oder, falls gerade Erntezeit ist, frisch gepresstem Süßen klingt dieser Spaziergang gepflegt aus.

DER FRANKFURTER GRÜNGÜRTEL

Von den Höhen des Berger Rückens im Nordosten durch die Mainauen im Süden bis zum Niddatal im Nordwesten – auf etwa 65 Kilometern legt sich der Grüngürtel wie ein bioklimatischer Schal rund um Frankfurt. Als einer der ersten Grünräume der Welt wurde er 1991 per Verfassung unter Schutz gestellt – zum Wohl von Mensch und Tier. Der Grüngürtel ist Landschaftsschutzgebiet und nahezu unbebaut. Seine Fläche umfasst etwa 8000 Hektar Streuobstwiesen, Felder, Auen, Parks und Wälder. Das entspricht immerhin einem Drittel der Stadtfläche.

Viele Spaziergänge in diesem Buch führen in oder durch den Grüngürtel. Wer Lust aufs Ganze hat, „pilgert" einen markierten Rundwanderweg. Jeweils am Ende einer Etappe kommt ein Stempel in den Wanderpass. Mit dem Rad geht es natürlich auch. Man folgt den Schildern mit Logo Grüngürtelradweg. Unterwegs trifft man das Grüngürteltier, geschaffen von dem Satiriker Robert Gernhardt. Verwandt mit Wutz, Star und Molch, vereint es die Elemente des Lebensraums. Das Grüngürteltier ist die Galionsfigur der Komischen Kunst, zu der auch der Barfüßer im Solmspark und das Ich-Denkmal nahe der Gerbermühle gehören.

12

Start/Ziel: Straßenbahnhaltestelle Arthur-von-Weinberg-Steg, 60386 Frankfurt am Main
Länge: ca. 3 Kilometer, mit Mainbogen Offenbach ca. 8 Kilometer
Dauer: ca. 1,5 Stunden, mit Mainbogen 3,5 Stunden
ÖPNV: Haltestelle Arthur-von-Weinberg-Steg
Parken: Frankfurt am Main, Alt-Fechenheim und Nebenstraßen

UNTERWEGS ENTDECKT

1. Arthur-von-Weinberg-Steg
2. Streetart
3. Tante-Emma-Laden
4. Rathaus und Kirche
5. Hochbunker
6. Linneplatz
7. Erinnerungstafel Jenny
8. Friedhof
9. Auenlandschaft Mainbogen

ESSEN + TRINKEN

Bäckerei Ewald, Alt-Fechenheim 86, 60386 Frankfurt am Main,
Tel. (0 69) 87 20 43 21
(Familienbetrieb in vierter Generation, köstliche Torten, auch Herzhaftes)
Fechemer Bootshaus, Fechenheimer Leinpfad 1, 60386 Frankfurt am Main,
Tel. (0 69) 76 06 10 55, fechemer-bootshaus.de
(regionale Spezialitäten, maritimes Ambiente direkt am Mainufer)

FECHENHEIM

Streetart und ein Sprung nach Offenbach

Ein Fisch, ein Netz und der Main – das Stadtteilwappen lässt vermuten, dass Fechenheim einmal Fischerdorf war. Schließlich liegt der östlichste Stadtteil direkt an der Flussschleife zwischen Frankfurt und Offenbach. Heute zählt er etwa 18.000 Einwohner, von denen fast die Hälfte ausländische Wurzeln hat. Fechenheim hat wegen seiner Industriegeschichte entlang der Hanauer Landstraße ein raues Image und bietet doch weit mehr als Baumärkte, Lagerhallen und Rechenzentren. Der alte Ortskern hat sich seinen Charme bewahrt. Hier gibt es Kunst an jeder Ecke, neues Wohnen im Hochbunker und frei laufende Hühner auf dem Linneplatz. Entlang des Leinpfads erreicht man das renaturierte Ufer am Mainbogen. Von den Auen ist es nur noch ein Sprung rüber nach Offenbach.

Frankfurt war mit der Tram früh dran. Bereits 1872 wurde die erste Pferdebahn eröffnet, 1884 ging die elektrische Linie in Betrieb – als eine der ersten in der Welt. Heute ist die Linie 11 die längste Tramstrecke der Stadt. Etwa eine Stunde dauert die Fahrt von der Zuckschwerdtstraße in Höchst bis zur Schießhüttenstraße in Fechenheim, Bahnhofsviertel inklusive. Wer einsteigt, bekommt einen Eindruck, wie international Frankfurt ist. Wer aussteigt, findet sich an der wohl idyllischsten Haltestelle der Metropole wieder. Rechts die Mainpromenade, links die dörfliche Mitte von Fechenheim. Ein Steg führt über den Fluss zum Campingplatz in Offenbach.

Irgendwie, so scheint es, sind wir out of Frankfurt, obwohl Fechenheim weit über die Grenzen hinaus als Chemiestandort bekannt ist. Die Cassella Farbwerke Mainkur war um das Jahr 1900 die weltweit größte Fabrik für synthetische Farben. Der steile Aufstieg der „Chemisch" als wichtigster Arbeitgeber industrialisierte das einstige Dorf. Was mit 15 Arbeitern begann, erreichte 1924 mit fast 4000 Beschäftigten seinen Rekord. Der letzte historische Schlot auf dem Gelände des heutigen Industrieparks und der Turm

Streetart am Leinpfad

Wimmelbild am Leinpfad

der katholischen Herz-Jesu-Kirche bilden die Silhouette Fechenheims. Von der Fußgängerbrücke aus kann man sie schön sehen. Der 1 **Arthur-von-Weinberg-Steg** ehrt den Firmenteilhaber, der sich um den Erfolg der Cassella, aber auch als großer Mäzen verdient machte. Wie sein Bruder Carl gehörte er zu den Stiftern der Universität Frankfurt.

Auch wir widmen uns der Kunst, denn dieser Spaziergang bietet Begegnungen mit bunter Streetart. Die Mauer entlang des Leinpfads, den wir zur **Lappengasse** überqueren, präsentiert sich als öffentliche 2 **Freiluftgalerie.** Seit 2010 engagiert sich der Verein PolymerFM dafür, mittels Kunst und Kultur den Blick der Menschen auf den Stadtteil positiv zu beeinflussen. In Kursen werden Kinder und Jugendliche herangeführt. „Positivbotschaften" nennt sich

Alt-Fechenheim

das Stadtteilprojekt. Auch der Karikaturist Klaus Puth, der für witzige Gänse und Yoga-Kühe bekannt ist, hat bereits Workshops gegeben.

Am Ende der Lappengasse stoßen wir auf die Hauptader des Ortskerns mit dem etwas irreführenden Namen **Alt-Fechenheim.** Früher hieß sie Langgass'. Wir wechseln die Seite zum „Kleedreieck", einer kleinen Wiese an der **Kleestraße,** um zwei Sympathieträger zu begrüßen: die Nixe und den Fischer. Sie sitzen eng beieinander, die strahlend gelbe Meerjungfrau mit einem Schwanz aus schillernden Mosaiken und der Fischer leuchtend blau, mit Gummistiefeln und einem Fisch in der Hand. Die Künstlerin Brigitte Gutwerk hat sie geschaffen – als stille Beobachter aus einer lange vergangenen Zeit.

Klaus Puth schuf das 40-Meter-Wimmelbild entlang der Mauer mit Alltagsszenen und Wahrzeichen aus Fechenheim. So stiftet Kunst Identität.

Von der Kleestraße aus biegen wir rechts ab und bummeln durch die Geschäftsmeile. Alte Fachwerkhäuser und schmuckvolle Sandsteingebäude um 1900 wechseln sich ab. Im Erdgeschoss ist vieles funktional. Hier gibt es Bäckereien, Cafés, Friseure, kurzum alles Mögliche von der Asia-Nudel bis zum Design-Sofa. Wie's früher ausgesehen hat, sehen wir im Schaufenster von Alt-Fechenheim 123, wo der Heimat- und Geschichtsverein einen 3 **Tante-Emma-Laden** eingerichtet hat. Das Mobiliar stammt aus einem Ladenlokal, den es mal um die Ecke gab. Der Gewürzschrank von 1935 ist ein Geschenk der Firma Ostmann. Gegenüber, an der Straßenecke, umgrenzt ein bunter Palettenzaun Eis-Café und Döner-Imbiss – Zeit für mediterrane Genüsse. Wir biegen um die Ecke in die Pfortenstraße, wo 4 **Rathaus und Kirche** sich treffen. Das Rathaus von 1902 im Stil der Neorenaissance verblüfft auf den ersten Blick in seiner Wuchtigkeit. Wenn man bedenkt, dass Fechenheim dank der Chemiefabrik um 1890 die wohlhabendste Gemeinde weit und breit war und sich immer mehr Industrie ansiedelte, wundert es wenig, dass der Arbeitsaufwand in den Amtsstuben stieg. Fechenheim wurde 1928 nach Frankfurt eingemeindet. Zu den schönen Sandsteinreliefs an der Fassade zählt auch das Ortswappen mit Fisch, Netz und Main.

Nixe und Fischer am Kleedreieck

Fechenheimer Rathaus

Wappen von Fechenheim

Gleich gegenüber steht die evangelische Melanchtonkirche mit ihrem separat stehenden Turm und lauschigen Kirchhof. Wir gehen weiter und biegen links in die **Baumert-** und wieder links in die **Gründenseestraße** ab. Hier steht eine weitere Kirche – nein, ein Fake! Es ist ein 5 **Hochbunker,** der im Krieg Hunderten von Menschen Schutz vor Bombenangriffen bot. Aus der Luft sollte er wie ein sakrales Gebäude aussehen. Man hoffte, mit der Tarnung Angriffe fernzuhalten. Gegenwärtig ist der Bunker ein Musterbeispiel dafür, wie man dunkle Kriegshistorie in neues Wohnen umwandeln kann. Kreative Architekten haben in die 1,5 Meter dicken Mauern Fenster fräsen lassen. So entstanden neun Wohnungen über zwei Etagen. Der Arkadenvorbau dient als Eingang und Galerie. Durch die Scheiben können wir Fotos des Gebäudes, seine Geschichte und moderne Kunst betrachten.

Wir biegen links ab in die **Martin-Böff-Gasse,** die einen Fährmann ehrt. Hier stehen ein paar krumme Fachwerkhäuschen, von denen sich eins als „Forsthaus" ausgibt, ein kleiner Buchladen und vorn, an der Spitzkehre zur Hauptstraße, das frankfurt eastSide Atelier. Wir laufen ein paar Schritte nach links, um an der nächsten Ecke rechts in die **Ankergasse** abzubiegen. Auf Kopfsteinpflaster spazieren wir an einem Weinladen und Kunstraum vorbei zum **Burglehen.** Die Einheimischen nennen diesen Punkt 6 **Linneplatz.** Hier empfängt uns die wohl urigste Ortsmitte Frankfurts: links ein Fachwerkhaus mit Hirschkopf am Giebel, vor uns ein Sandsteinbrunnen mit dem Bild eines Herrn mit Räuberhut und Bart, dahinter ein Hochbeet, in dem Hühner ein Sandbad nehmen. Ein halb zugewachsenes Haus, Palmen und Vogelvolieren machen das kuriose Bild komplett.

Jean-Pauli-Brunnen

Gedenktafel für Stute Jenny

Wir inspizieren den Brunnen. Ein Notenschlüssel mit Inschrift verrät, dass der „Räuber“ ein Lehrer aus Fechenheim namens Jean Pauli war und ein Schunkellied über Rüdesheim am Rhein geschrieben hat. Grüße an die Drosselgass’, wenn auf dem Linneplatz wieder mal gefeiert wird. Der Name kommt übrigens von Leinenweben und -handel. Im Haus Burglehen 2 war die Linnebürgermeisterei untergebracht, die Schlafstellen für Schiffer und Flößer vermittelte. Auf unserer Kopfsteinpflasterrunde fällt uns noch ein historisches Gebäude mit Holzfensterläden, Sandsteintor und türkisfarbenem Eingang auf. Es war mal Wirtshaus und später eine Fabrik. Heute finden im Saal „Mainbörnchen“ kulturelle Veranstaltungen statt.

Ein rotes Schild an einem mit Efeu bewachsenen Backsteinhaus am Linneplatz erinnert an die vielleicht berühmteste Fechenheimerin 7 **Jenny.** Die weiße Araberstute mit dem großen Freiheitsdrang war weit über die Grenzen hinaus bekannt. Jeden Tag zog sie durch die Gassen, über die Bahnschienen weiter zu den Mainwiesen, um dort gemütlich zu grasen. Straßenbahnfahrer hielten gern für sie an, Kinder fielen ihr um den Hals. Die Stute war ein Star auf

Youtube. In einem japanischen Reiseführer wurde sie in einem Zug mit Dom und Römer genannt. Als Jenny im März 2022 starb, waren Menschen aus der ganzen Welt tief berührt und schickten Beileidsgrüße per social media. „Was bleibt, ist das Lächeln aller, die von Dir erzählen", steht auf der Erinnerungstafel.

Ein Abstecher zum historischen Engelhof rund um eine uralte Kastanie und dem Architektenbüro von Ferdinand Heide, das in mehreren behutsam sanierten Gebäuden eingerichtet ist, lohnt sich.

Wir gehen weiter bis zur **Leinwebergasse.** Am anderen Ende der Gasse stoßen wir wieder auf den Leinpfad. Früher zog man hier Schiffe gegen die Strömung. Heute führt der Grüngürtel-Radrundweg an den ehemaligen Treidelpfaden entlang. Man genießt von der Promenade mit den Pyramidenpappeln aus das herrliche Flusspanorama – und entdeckt wieder Kunst. Silke Wagner hat, inspiriert von der Geschichte der Gassen, sechs Skulpturen nach dem Prinzip von Wetterfahnen entworfen. Sie sind aus farbig gefasstem Schmiedeeisen und zeigen Anker, Fische, Hahn und Wassertropfen. Hier, an der Lein-

Wetterfahnen in der Leinwebergasse

webergasse, greift die Künstlerin ein abstraktes Webmotiv auf. Auch sie möchte die etablierte Wahrnehmung des Ortes brechen. Und noch mal Kunst. Wir überqueren die Schienen und schauen von der Aussichtsplattform aus zurück. Der Streetart-Künstler Guido Zimmermann, bekannt für seine originell designten Kuckucksuhren, zeigt entlang einer 40 Meter langen Wand, welche Sportarten die Vereine im Stadtteil zu bieten haben: Hockey, Tennis, Rudern, Schwimmen. Das Fechenheimer Gartenbad ist architektonisch besonders interessant. Zu entdecken ist ein Bau von Martin Elsaesser, der auch die Großmarkthalle entworfen hat (siehe Route 4 Das Mainufer, Seite 50).

Wir folgen der Promenade flussabwärts und queren am nächsten Tramhalt wieder die Schienen zum Leinpfad. Unten am Fluss liegt ein Spielplatz. Wir passieren am Hochufer das Bootshaus und erreichen die lange Mauer des 8 **Friedhofs.** Etwas weiter hinten gibt es ein kleines Tor.

Chillen auf der Helmut-Sittler-Promenade

Erholung am Mainbogen

Die ersten Gräber stammen von 1845. Aus dieser Zeit stammt wohl auch ein Pavillon nahe der Trauerhalle, in dem früher mutmaßlich Fundleichen aus dem Main aufgebahrt wurden. Der Ort wird mit Kunst und regionaler Kultur wiederbelebt – ein Projekt von PolymerFM. Besucher sollen den Friedhof auch als Park wahrnehmen und sich an Menschen erinnern, die dort begraben liegen.

Wir bleiben nah am Main, der früher immer mal über die Ufer trat. Im Winter 1633 stieg das Wasser so hoch, dass man mit Nachen auf den Straßen fahren konnte. Damit die Flut heute weniger Schaden anrichten kann, hat das Land Hessen den Main hier an der Fechenheimer Seite umfangreich renaturiert. Steinschüttungen wurden entfernt, die Ufer abgeflacht. Abgestorbene Bäume werden nicht mehr entsorgt, sondern dem Verfall überlassen. Altholz bietet neuen Lebensraum. Ein kleiner Altarm, bis zu 70 Meter breit und 4 Meter tief, entstand hier neu. So hat der Main mehr Platz, um sich auszubreiten. Unser Weg heißt nun **Neuer Leinpfad** und führt uns ein Stück vom Fluss weg, hin zur 9 **Auenlandschaft** mit Altwasserteichen,

Auenwäldern und Wiesen. Mit Glück können wir Fische, Amphibien, Libellen und Wasservögel beobachten. Auch ein Biber wurde bereits beim Burgenbau gesehen. Hier gibt es nun zwei Möglichkeiten, um den Spaziergang fortzusetzen: Entweder man geht über den Leinpfad zum Ausgangspunkt zurück oder dreht die ganze Runde um den Mainbogen – mit Abstecher nach Offenbach.

Ein Viertel der etwa 8 Kilometer langen Wanderstrecke haben wir ohnehin bereits hinter uns. Hinter den Mainauen queren wir auf der Carl-Ulrich-Brücke den Fluss. Rechts liegt das neue maritime Viertel auf der Offenbacher Hafeninsel, hinter der Brücke empfangen uns die Schwäne. Wir spazieren an der Uferpromenade entlang, vorbei am Isenburger Schloss und Kulturgleis und ruhen auf einer der von Kunsthochschülern designten „Welle“ aus. Ein weiterer Stopp bietet sich am Bürgeler Ufer bei den Bootshäusern an. Von hier aus vollenden wir den Mainbogen bis zum Arthur-von-Weinberg-Steg, der uns zurück nach Fechenheim führt.

Silhouette von Fechenheim

Auenwald am Mainbogen

Naturschutzgebiet Enkheimer Ried

Naturschutzgebiet

2., aktualisierte Auflage 2026

Konzeption/Gestaltung/Satz: Droste Verlag, Düsseldorf
Einbandgestaltung und Illustrationen: Britta Thiele, Marbach am Neckar
Fotos: Annette Friauf, außer:
Archiv Palmengarten der Stadt Frankfurt am Main: S. 101;
Historisches Museum Frankfurt: S. 35 unten, S. 51 (Horst Ziegenfusz);
Angela Schmitt-Gläser/Kulturgesellschaft mbH Bergen-Enkheim: S. 134 oben
Karten: Thorsten David; Bochum
Druck und Bindung: LUC GmbH, Greven

FSC www.fsc.org
MIX
Papier | Fördert gute Waldnutzung
FSC® C011279

ISBN 978-3-7700-2300-4
droste-verlag.de